データで読み解く 賃貸住宅経営の極意

吉崎誠二 著

芙蓉書房出版

はじめに

今、賃貸住宅経営に関心を持つ人が増えている。

これまで、賃貸住宅経営というと、土地を所有する方だけが行うものという印象があったが、最近では土地オーナーだけではなく、サラリーマンの方々や中小企業の経営に携わる方々まで、多くの方が興味を持ち始めている。

それに呼応し、不動産投資や賃貸住宅経営に関する講演が花盛りだ。

新聞や専門誌を見ると、セミナーや勉強会が常に行われており、多くのセミナーで満席となるほどの賑わいを見せ、多くの受講者が熱心にメモを取りながら聞き入っている。

内容についても、実にさまざまで、所得税や相続税などの税金対策から不動産や経営に関する法律的な問題、実際の経営指南など、また、質的な内容についても、入門的な内容からプロのための具体的なノウハウまで幅広く、さまざまなジャンルの講師が壇上に上っている。

気をつけなければならないのは、セミナーや講演会と称して、無理やり投資をすすめられたり、ある特定の商品ばかりを紹介されたりすることだ。

実際に、税理士や弁護士、ファイナンシャルプランナー、エコノミストといった、プロフェッショナルが講演する場合を除けば、
①「自らの実体験を伝える」つまり、「こうやって、うまくいきました！」という実体験を論拠に、「だから私のようにすると上手くいく」という類のもの
②「不動産投資」講演と称して、自社商品を強引に説明するもの
というセミナーである場合が少なくない。

不動産投資においては、まったく同じ投資などは存在しないし、ある方法がうまくいったからと言って、それが次も必ずうまくいくとは限らない。市況は常に変化しており、その変化を確実につかみながら、臨機応変に判断し行動していかなければならないからだ。

筆者も、毎週のように、新聞社等のマスメディア社あるいはハウスメーカーに呼ばれ、全国各地で「賃貸住宅経営」あるいは、「不動産投資」についての講演を行っているが、実際に、講演以外でもこうした問題に対する相談を受けることも多い。

私の講演では、個別の投資方法やある特定の商品について薦めることはない。

実際の講演では、市場のデータに基づいて講演する。今市場で何が起きているのか、歴史的

にどのようなことが起きてきたのか、そしてこの先どのようなことが考えられるか、などといったことを、データ（グラフや数値データ）として用意し、80～１００枚くらいのパワーポイントスライドに仕立てて、このデータに基づき、土地オーナーやこれから不動産投資（賃貸住宅経営）を始めようとしている人が、客観的な判断ができるように、事実を積み重ねながら、講演を進める。

不動産に関する情報があふれているとはいえ、データの正確な見方や判断の仕方、将来に向けてどう考えていくかは、そうそう簡単なことではない。

私も長年、不動産ビジネスにアドバイザーとして携わってきたが、深く取り組めば取り組むほど、難しい判断を迫られることが多い。

そうした経験を積み上げてきたノウハウを紹介することで、お蔭さまで、どのセミナーも好評をいただき、一度セミナーを行うと次回のセミナーの依頼をいただけるようになってきた。

本書は、そのようなセミナーの内容をもとに、不動産投資を志す方々に向けて、間違った情報やバランスの欠いた投資案件にひっかかることがないように、正しい分析と判断ができ、賃貸住宅経営、不動産投資とはどのようなものか、実際にどのようにすれば賃貸住宅経営を効率的に行うことができるのかについてまとめたものだ。

本書で伝えたいことは、大きく三つ。

まずは、なぜ近年これほどまでに不動産投資・賃貸住宅経営が増えているのかの考察。それを知ることで賃貸住宅経営の特長がわかる。
①賃貸住宅経営・賃貸住宅用不動産投資がさかんな理由
そして、不動産市況の概要をつかむための
②不動産市況の読み解き方
次に、賃貸住宅市況を取り巻く環境を考えるために
③賃貸住宅需要は伸びるのか？
次に、土地を持つオーナーのために
④土地活用の基本的な考え方
次に、区分マンション投資の考察として
⑤サラリーマンのための不動産投資
後半部分は成功する賃貸住宅経営と失敗する賃貸住宅経営の違いの考察として
⑥賃貸住宅経営の極意
⑦賃貸住宅経営のパートナーの選び方
などを、データを使いながら述べていく。

すでに、賃貸住宅（一棟アパート）を所有、あるいは賃貸用区分マンションを所有して賃貸経営を行っている方は②以降から読まれてもいいかもしれない。

これから始めようと思っている方は、社会全体の傾向やこれまでの歴史を振り返ることができる①から順に読み進めるのがわかりやすいだろう。

賃貸住宅用の不動産（一棟アパート・区分マンション）を所有し、賃貸住宅経営を行う方は、今後ますます増えていくことだろう。そうした方が、「うまくいかなかった」と嘆かないためのお役に立つことができれば幸いである。

データを読み解く必要性

本書は、「データで読み解く」をテーマとしているが、不動産投資・賃貸住宅経営においては、市況を読み解くことが何よりも重要となる。かつては、データ収集に苦戦したが、いまでは情報公開が進み、また公的機関のデータ整備が進み、インターネットで検索すれば容易に入手することができる。それらを活かさない手はない。

有効に活用していただきたいと思い、データ入手の役に立つよう、各章のはじめに、その章で取り上げた内容に関するデータのリストを作っておいたので、参考にしていただきたい。

また、独立行政法人統計センターが運用管理する「政府統計の総合窓口（e-Stat）」では、統計局をはじめ、全府省が作成・公表している統計データが一つにまとめて提供されているので、ぜひ活用していただきたい。

（サイトアドレス　https://www.e-stat.go.jp/SG1/estat/eStatTopPortal.do）

読み始める前に

ふだん、私の講演ではカラーの図表を用いて解説するが、本書においては紙面の都合で白黒での表記となっている。視覚的にはカラーに比べてやや劣ると思うが、その図表で伝えたいことは本文に書いているので、本文を読みながらグラフなどを見て、読み解いていただきたい。

本書の1・2・3章で用いたデータ、そのデータに基づいた解説・分析については、日々刻々と経済・金融市況が変化する中で、できるかぎり大きなブレがないように記したつもりであるが、大きな変化に対応しきれるものではないかもしれない。そのためにも、先に示したようなデータをウオッチして、その変化をキャッチしてほしい。

一方、後半の4・5・6章については、普遍的な極意を書いたものなので、こちらの内容については、時流の変化にも耐えうる内容だと思う。

データで読み解く　賃貸住宅経営の極意　目次

第6章 賃貸住宅経営の極意 153

（編集部注）本書は不動産投資を促すものではありません。不動産投資・土地活用・賃貸住宅経営を始める際は、ご自身の判断でされるようお願い申し上げます。

第１章

❖

いまなぜ、不動産投資をする人が増えているのか

第１章では、賃貸住宅投資が増えている背景を解説する。

賃貸住宅投資とはどんなものか、なぜ昨今増えているか、を検討する。本章の解説に用いたデータは、以下の通り。ＨＰはホームページ（以下同じ）。

①着工戸数に関するデータ　　国土交通省ＨＰ
②キャップレートに関するデータ　一般財団法人日本不動産研究所ＨＰ
③インフレ率に関するデータ　　ＩＭＦＨＰ
　※国際通貨基金（ＩＭＦ）アジア太平洋地域事務所（ＯＡＰ）のＨＰ内にＩＭＦ本サイトにおけるデータ検索方法の解説あり
④賃貸住宅の家賃に関するデータ　　総務省統計局ＨＰ
⑤為替レートに関するデータ　　ＩＭＦＨＰ
⑥賃貸住宅ローン金利に関するデータ　　住宅金融支援機構ＨＰ

① 賃貸住宅はどのような歴史を歩んできたのか?

賃貸住宅経営に代表される不動産投資をする人がとても増えている。

その理由はいくつか考えられる。「利回りを狙った投資」として、「資産上昇を期待して」、「将来の私的年金のため」等、その思いはそれぞれだろう。さらに最近では、「インフレ懸念のため」、「資産を守るための防衛策として」という理由も加わっている。

住宅着工戸数の推移を見ても、リーマンショックの影響や不動産不況・株式下落等多くの要因が重なり、２００８年以降減少を続けてきた賃貸住宅着工戸数が、２０１２年以降増加に転じている。

ここでまずはじめに、戦後の賃貸住宅の歴史を見ていこう。

戦後の賃貸住宅建設の歴史は、社会の変化とともに、幾度となく大きな変動を繰り返してきた。まさに、社会状況を表す鏡と言っても過言ではなく、日本における景気状態や経済状況、あるいは人口の増減や人の移動などを端的に表しているとも言え、この着工数の変化を読み解くことは、不動産投資の全体像をつかむ第一歩となるだろう。

まずは、国土交通省「建設着工統計調査報告」から、1951年から2014年までの賃貸住宅の着工戸数の推移を見てみよう（次頁図表1）。ここでは、住宅着工戸数の「貸家」に分類されているものを「賃貸住宅」と読みかえている。

このグラフは1951年から始まる。戦後1951年から1960年代前半にかけては、戦後の復興が進んでいく中、住宅が不足していた時代だ。戦災にあって建物が焼失しただけでなく、戦争が終わり、外地からの復員者の増加、ベビーブームなどによって世帯数が急に増えたことも要因だろう。それを象徴するかのように、戦後、右肩上がりに賃貸住宅の着工戸数は増え続けた。

1951年から現在までの間には、賃貸住宅建設の大きな山が2つあった。1960年代中盤から1970年代中盤の山と1980年代後半から1990年代前半の山だ。

1960年半ばから1970年代の山の形成には二つの要因が考えられる。ひとつはベビーブーマー達が成人になり始めたこと。これによって住宅需要が増えた。そして、もうひとつの大きな要因は、高度経済成長に支えられた農村部から都市への人口流入だろう。地方から都会

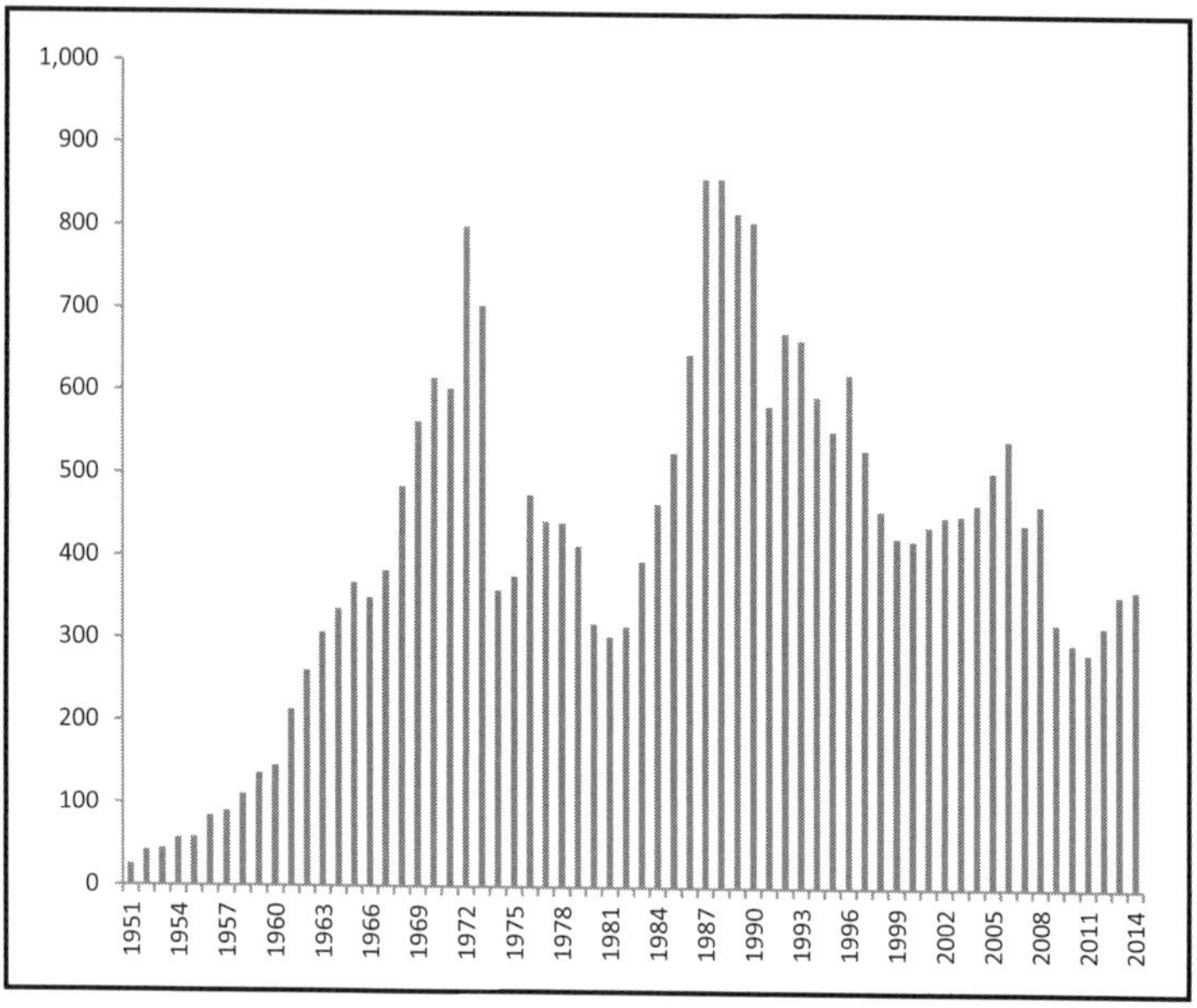

図表1 貸家(賃貸住宅)着工戸数の推移(単位:千戸)
(国土交通省「建設着工統計調査報告」より作成)

へと多くの人々が職を求めて移動し、都会では多くの工業、産業の従業員が生まれ、都市部に単身世帯や核家族が増加した。

１９８０年代後半から１９９０年代前半の山は、日本経済が好調だったバブル期である。そこへ向かう１９８０年代の半ばは、鉄冷と呼ばれた時代で景気悪化が懸念されていた。しかし、１９８５年のプラザ合意から一気に景気が盛り上がり、日本は後にバブルと呼ばれる熱狂時代を迎える。この時代、賃貸住宅着工数80万戸以上が４年間も続いた。

現在（２０１５年）住宅着工戸数の〈総数〉が80～90万台の戸数程度であることを考えると、いかに多くの賃貸住宅が建てられたのかが分かるだろう。まさに、日本経済の絶頂ぶりを象徴するような数だ。１９５１年～２０１３年までの62年間の平均は約42万戸だから、倍近い数字が続いたのだ。土地の価格が上がり、都心から郊外へと賃貸住宅は拡散しながら増え続けていった。

日本各地の地価が最高値（公示地価ベース）を付けるのが１９９１年発表分、日経平均の最高値は１９８９年末。この後しばらくしてから、バブルが崩壊し始める。余談だが、ディスコで踊る映像がバブルの象徴のように何度も何度もメディアで流されているが、映像でよく出てくるジュリアナ東京のオープンは１９９１年５月、閉店は１９９４年だから、バブル後の景気が勢いよく下落している頃のものだ。

地価はバブル崩壊後、１９９１年をピークに一気に下がり始める。

しかし、賃貸住宅着工戸数は若干減ったものの、その後も１９９６年までは60万戸程度を維持する。景気低迷ムードがかなりあった頃にもかかわらず、賃貸住宅は建築され続けたのだ。

山一ショックと言われ、いくつかの金融機関が倒産や外資による救済（買収）が続いた１９９７年からは、着工数の低迷が続く。その後、増加基調になるのは後にミニバブルと呼ばれる２００５年から２００８年の間だ。

そして、２００８年の秋に日本経済にも大きな影響があったリーマンショックを迎え、着工数は一気に最低水準になる。そこから、少しずつ復活しはじめるのは２０１２年からだった。

２０１４年４月１日から消費税が5％から8％となった。１９９７年に3％から5％に改定されて以来、17年ぶりの増税となった。その半年前の２０１３年９月末、この時までに契約を済ませた物件に関しては、引き渡しが２０１４年４月以降となっても消費税5％が適用されるということで、住宅の駆け込み購入（契約）が、相当数あった。

図表2は、住宅着工戸数の前年同月対比を表したもので、「持ち家」は、主に一戸建住宅（注文建築）、「貸家」は主に賃貸用住宅、「分譲」は、戸建て分譲住宅と分譲マンション、それ

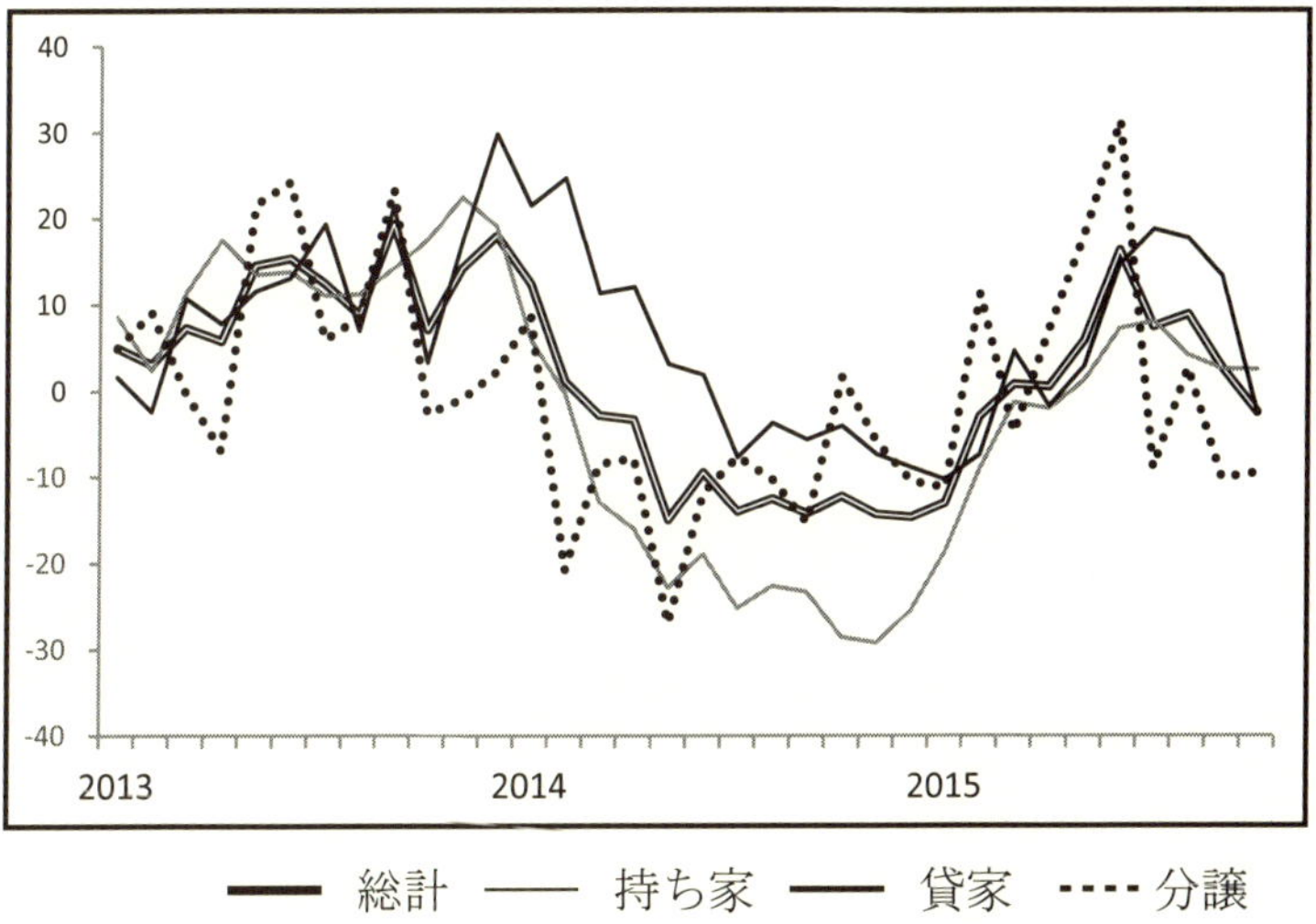

図表2 利用関係別　新設住宅着工戸数の前年同月比の推移
（単位：%）　（国土交通省「建設着工統計調査報告」より作成）

それの数だ。

これを見ると、２０１３年の駆け込み需要と２０１４年の反動減がよくわかる。その中で、「貸家」（賃貸用住宅）は駆け込み需要があったにも関わらず、翌２０１４年もプラスとなっている。ちなみに、落ち込みの大きかった「持ち家」は２０１５年の春頃まで回復を待たねばならなかった。


次に、賃貸住宅の一戸当たりの広さの変遷を見てみよう（図表３）。

賃貸住宅は広さや間取りによりいくつかに分類される。ファミリー世帯用、単身世帯用、ディンクス（共働きで夫婦2人暮らしの家庭、最近では同棲カップルも含めていいかもしれない）用などが主な形態であるが、時代によって、あるいは地域によって求められる形態は大きく異なっている。中でも、時代の状況によって大まかな傾向がある。

図表3を見ると、１９５１年〜１９６５年くらいまでの賃貸住宅は、40㎡より狭い。そして、都市部に人が集まるようになるにつれて、住宅不足が顕著になると、一戸当たりの面積はますます狭くなっていった。

１９６５年から１９８０年くらいの15年間は右肩上がりに広くなっている。

地方から都市部への人口流入が進み、そこで結婚した夫婦二人向けの住宅が増えていったの

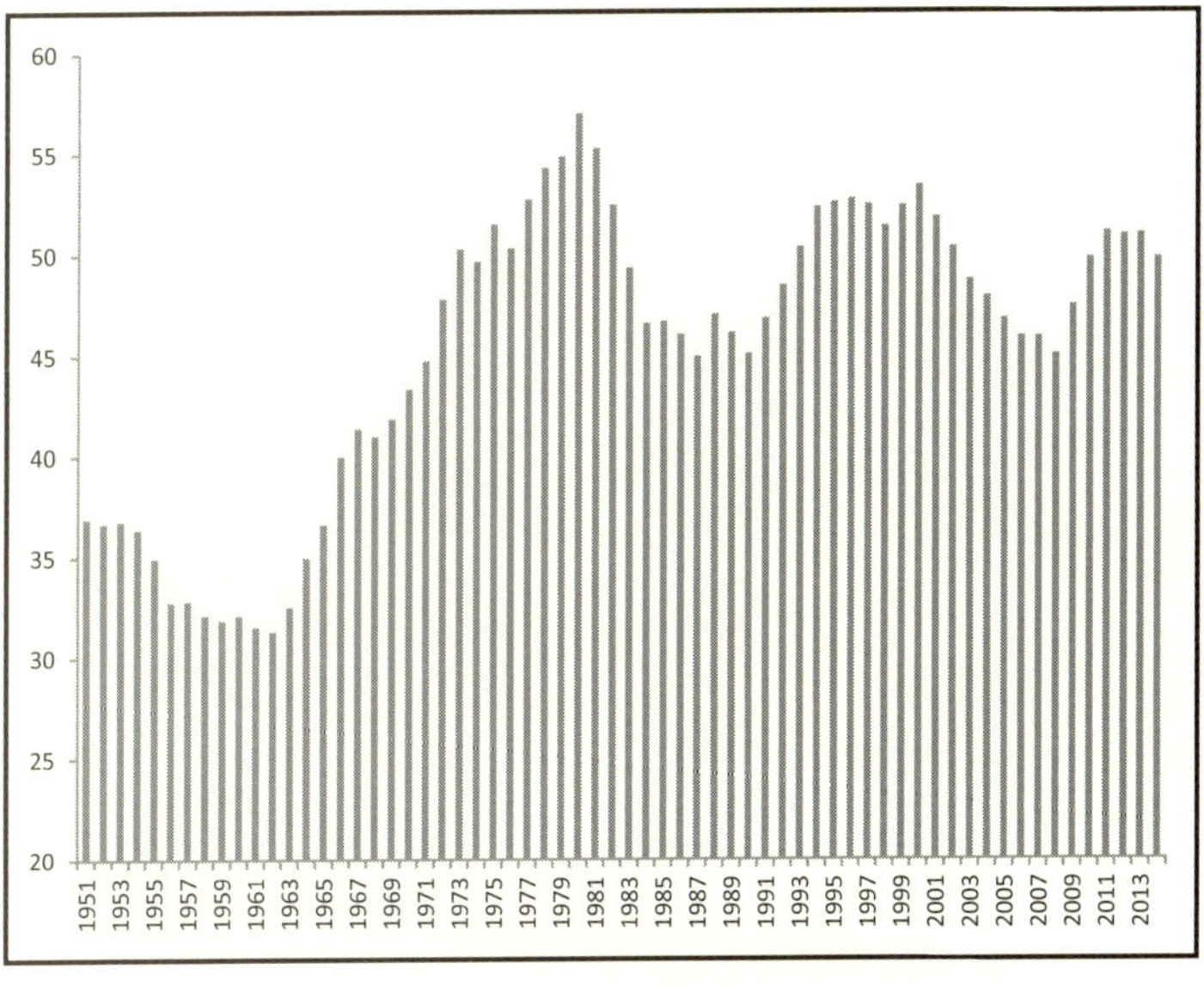

図表3　賃貸住宅の一戸当たり㎡数の推移（単位：㎡）
（国土交通省「建設着工統計調査報告」より作成）

だろう。そして、子どもが生まれ、家族が増え……と狭い賃貸住宅から徐々に広めの賃貸住宅ニーズが高まっていったのだろう。

１９８０年以降、また広さは減少に転じるが、これはバブル期の大幅な土地価格の上昇が原因だ。土地や建設費が急騰し、賃料が上がり、賃料上限を考えると、広さを望めなくなってきたのだろう。

以後現在まで、多少の前後はあるものの、年度ごとの平均値では、賃貸住宅一戸当たり45㎡～55㎡が続いている。

しかし、大都市部では、いまだに狭いワンルームもたくさん存在している。首都圏中心部では、20㎡よりも狭い物件も珍しくない。こうした状況を受けて、東京都区部のうちいくつかの区では条例で、「25㎡以下の部屋は作れない」などといった下限を制定している区も増えている。

また、最近の傾向では、広めのワンルームのニーズが増えているのが特長だ。

②　賃貸住宅（不動産）投資にはどんなものがあるのか？

賃貸住宅（不動産）投資には、主に三つのパターンがある。

最も多くの人が行っている投資パターンが、区分マンションを購入することだ。区分マンションというのは、ワンルームタイプ（単身向け）やディンクスタイプ、ファミリータイプなどの、区分マンションを購入して、賃貸マンションとして貸すことだ。

もう一つが、一棟の賃貸住宅（賃貸アパート）を建てるというパターンだ。

この賃貸住宅を建てるというパターンの中にも、自分の土地に賃貸住宅を建てるというパターンと、土地と建物セットで購入するという二つのパターンがある。

前者は、自身が所有する土地にハウスメーカーなどに依頼して賃貸住宅を建てることで、後者は、すでに建築された賃貸アパート・賃貸住宅を、建売賃貸住宅として購入するパターンである。

このように、賃貸不動産投資は、区分マンション、自分の土地に賃貸物件を建てる、建売賃貸物件を購入する、の三つに分かれることになる。

一様に賃貸不動産投資と言っても、それぞれ投資金額はもちろん異なるし、メリット・デメリットもそれぞれで異なるため、注意が必要だ。詳細は順を追って述べていく。

③ 増えている不動産投資の現状をデータで考察（キャップレート推移）

不動産投資を本業とするプロだけでなく、広く一般化した不動産投資。昨今の不動産投資ブームを牽引《けんいん》しているのはどのような人なのだろうか。

不動産資産の上昇見込みを狙う方や賃料収入を狙う方。そして、昨今増えているのは、自分の資産をいかに防衛していくかということを目的にした人たちだ。先行き不透明な景気状況のなか、資産を守る意識が高まっているようだ。また、将来のインフレに対するリスクヘッジとしての不動産投資を行っている人もいる。

本節では、増加する不動産投資の現状を、データを使いながら見ていきたい。

一番わかりやすい指標は、「キャップレート（Capitalization Rate）」だろう。キャップレート（Cap Rate）とは、不動産投資の指標の一つで、還元利回り、期待利回りを指す指数だ。

この指数は、不動産投資をしようとしている人がどれくらいの利回りを期待しているかがわかるものだ。

賃貸住宅の利回りには、表面利回りと経費などを引いた実質利回りがある。基本的には、「賃料÷購入（投資）金額」がベースとなる。つまり、このキャップレートが下がっているということは、賃料が同一とするならば、投資不動産の価格が高くても投資したい（購入したい）投資家が増えているということを示している。

図表4は、東京、大阪、名古屋、福岡における賃貸用ワンルーム物件（区分）とファミリー用物件（区分）の期待利回りを表している。たとえば、このグラフでは、福岡の物件に投資するならば、ファミリー物件で約6・5％、ワンルームには6％程度の利回りが欲しいと投資家が思っていることがわかる（2015年8月データ）。また、全体を見るとキャップレートは、リーマンショック前（2008年）は、かなり低くなっていたが、その後急反発（高くなり）し、2012年以降下がり続けていることがわかる。

キャップレートが下がっている状態とは、利回りが低くても（物件価格が高くても）買いたいと思っているということだから、投資用不動産価格が上がっていると捉えることができる。

2015年夏以降、東京においては、キャップレートが大きく低下したミニバブル期（20

■ワンルーム

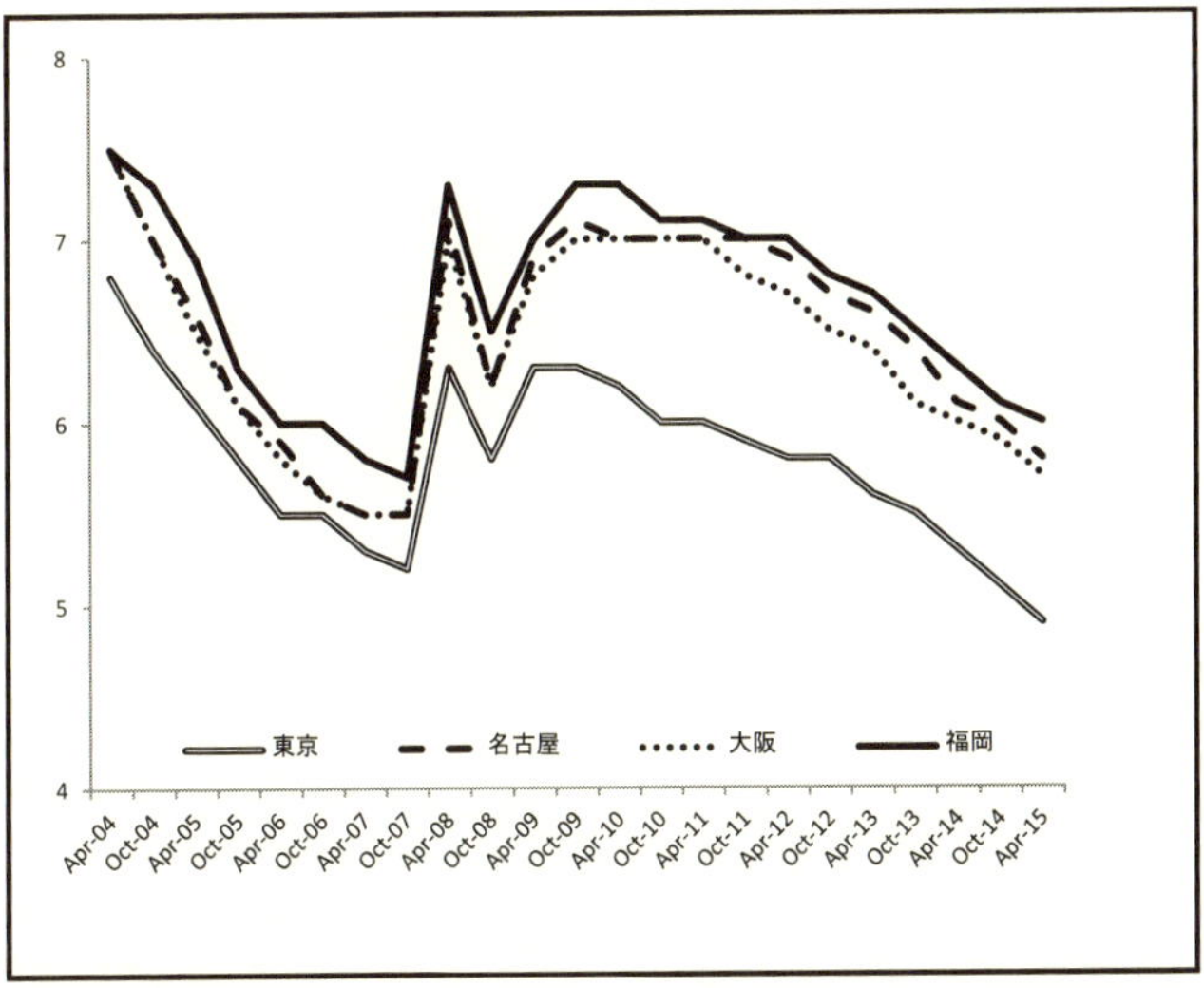

■ファミリー

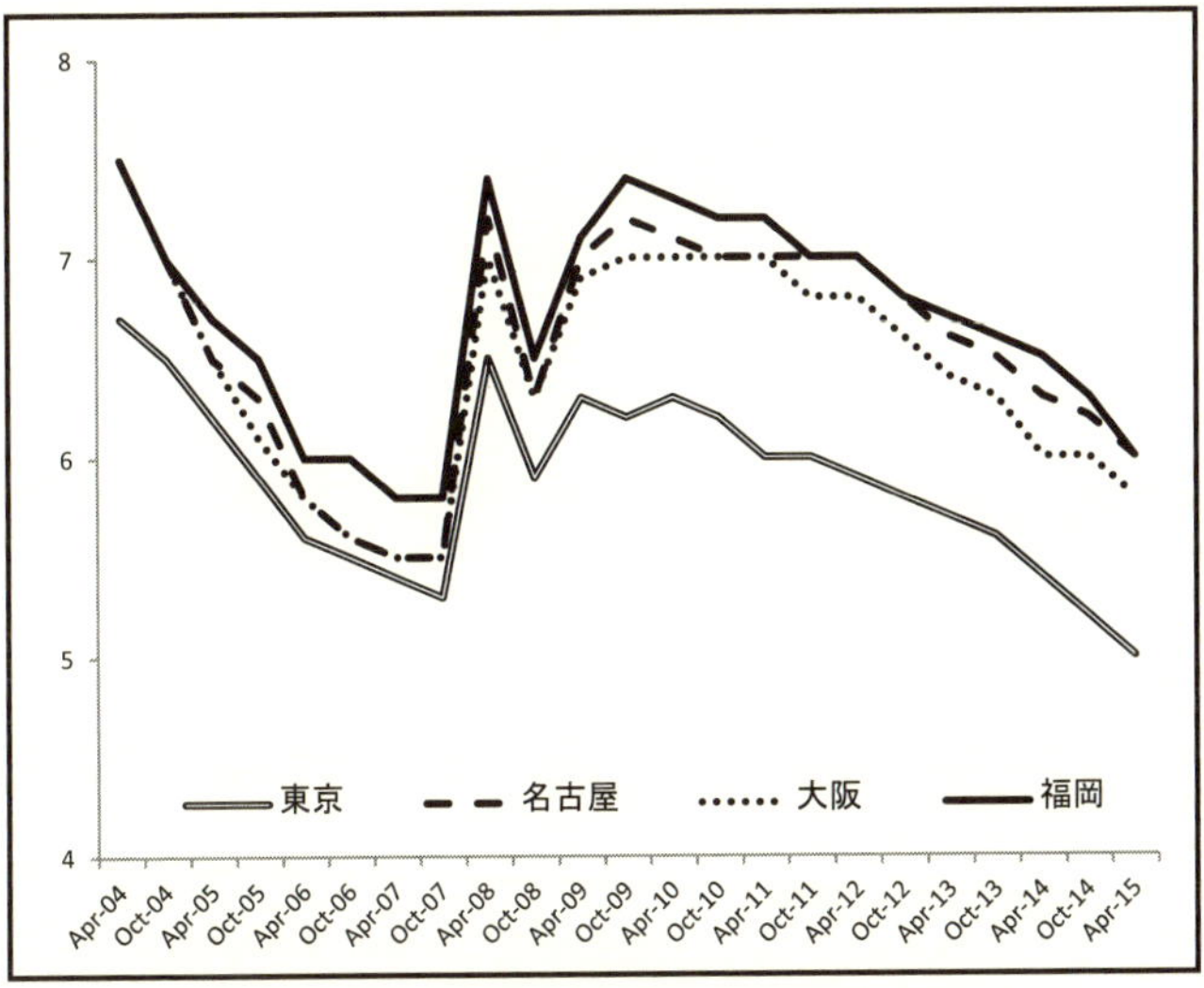

図表4　賃貸住宅の期待利回りの推移（単位：%）
（一般財団法人　日本不動産研究所「不動産投資家調査」より作成）

05年~2007年）の最低値（つまり価格的には最高値）よりも低くなっていることがわかる。名古屋・大阪・福岡においても、同じようになりそうな勢いだ。

しかし、グラフをみると、ミニバブル期の推移とそれ以降の推移では、違いも見て取れる。それは、今回の盛り上がりは、東京の値と他の大都市の値から大きく離れて推移していることだ。これは、都市間で、不動産投資における将来期待に差が出はじめているということだろう。

利回りが低くても投資したい（あるいは高くても不動産を買いたい）と思っている人が増加していることをこのデータが示している。

また、首都圏への区分マンション投資は、地方の富裕層の購入も多い。地価下落が止まりそうにない地方都市の不動産所有者が、それを手放しの資産の組み換えを行う目的で、都心の不動産を購入しているのだ。さらに、成長するアジア各国の富裕層も参戦しており、こうしたことも不動産投資ブームに拍車をかけている。

④ 日銀のインフレ誘導

２０１３年春に日銀黒田総裁は、インフレ目標を２％とする、「異次元の量的・質的金融緩和」を宣言し、実行に移した。

しかし、２０１５年10月現在、原油安の影響が大きく、物価上昇は微妙な状況となっている。だが、株価は１万円台後半をキープ、そして企業の賃金アップの動きもあり、日銀は当初目標を変えていない。

それに対して日本の財務状況はというと、ご存じのとおり、国と地方自治体の借金を合わせれば、約１３００兆円と言われ、ＧＤＰの２倍を優に超える額となっている。

一方、歳入は、景気回復による税収増、消費税をはじめとした税の強化などによって、税収増への期待はあるものの、経済の大きな成長が期待できない中で、国の歳入が右肩上がりに大きく増えることは難しいだろう。

さらに歳出に関しても、現時点では減少する見込みはほとんどないだろう。今後、さらに高齢社会となり、社会福祉に関連する費用の増加は、これからも続く。また、地方においても、「地方創生」といううたい文句で、地方活性化のための予算がさらに増えていく傾向にある。

インフレとは、物価の上昇のことであるが、それは同時に、通貨価値が下落していることを意味する。だから、借入をしている側からみれば、現状のように金利が上がらないままにインフレが続けば、借金額は実質目減りとなっていくことになる。

本来、インフレになれば、長期国債の（実質的な）金利は上がるはずだが、日銀が大量に買うことで、市場が歪められ、低金利で取引されている。

こうすることで、低金利で国は国債を発行し、さらにインフレを誘導すれば、借金は実質的に棒引きされることになる。国債のレートは、結果的に金融機関の貸出金利の基準となっているので、企業や一般の投資家もインフレ下でありながら、低金利で融資が受けられるという環境になっているのだ。

このように、インフレ可能性の高まりは、日本国の財務状況に大きく影響を受けている。しかし、今の日銀・政府の政策に批判的な学者・エコノミストは、「いつまでも、日銀が買い進められることはない。いつか買い支えをやめなければならない日がくるので、その時には一気に破綻《はたん》に向かう可能性がある」と述べている。確かに、その可能性もゼロではないだろう。

しかし、そんなネガティブなことを考えるより、ある範囲内でのインフレが続くことによる現預金の目減りのリスクを予想しておいた方が、防衛策を素早く打てるため、よいだろう。

⑤ 日本はインフレ状態か？

ＩＭＦ（世界通貨基金）の発表では、日本における２０１３～２０１４年のインフレ率は約２・７％だった（各種発表データで、若干異なる）。これは、バブル絶頂期（90、91年３％ちょうどくらい）に匹敵する高水準で、１９８０年に入り、インフレ率が低下した日本において、久しぶりの高いインフレを経験することになった。

インフレは喜ばしいことか、と言えば、物価の上昇、つまり通貨の価値下落ということだから、単純に喜ばしいこととは言えない。現金資産が目減りしてしまうからだ。

しかし、図表５を見ればわかるように、１９９９年からの日本においては、ミニバブルとよばれた一～二年を除けば、インフレ率はおおむねゼロ付近～マイナスが続いた。大きなデフレ期だったという訳ではないが、ほぼプラスマイナスゼロという状態が続いていた。そこから、少し脱したというのが現状だ。

前節で述べたように、物価上昇気配は行ったり来たりの状態だ。この先どうなるかは読みに

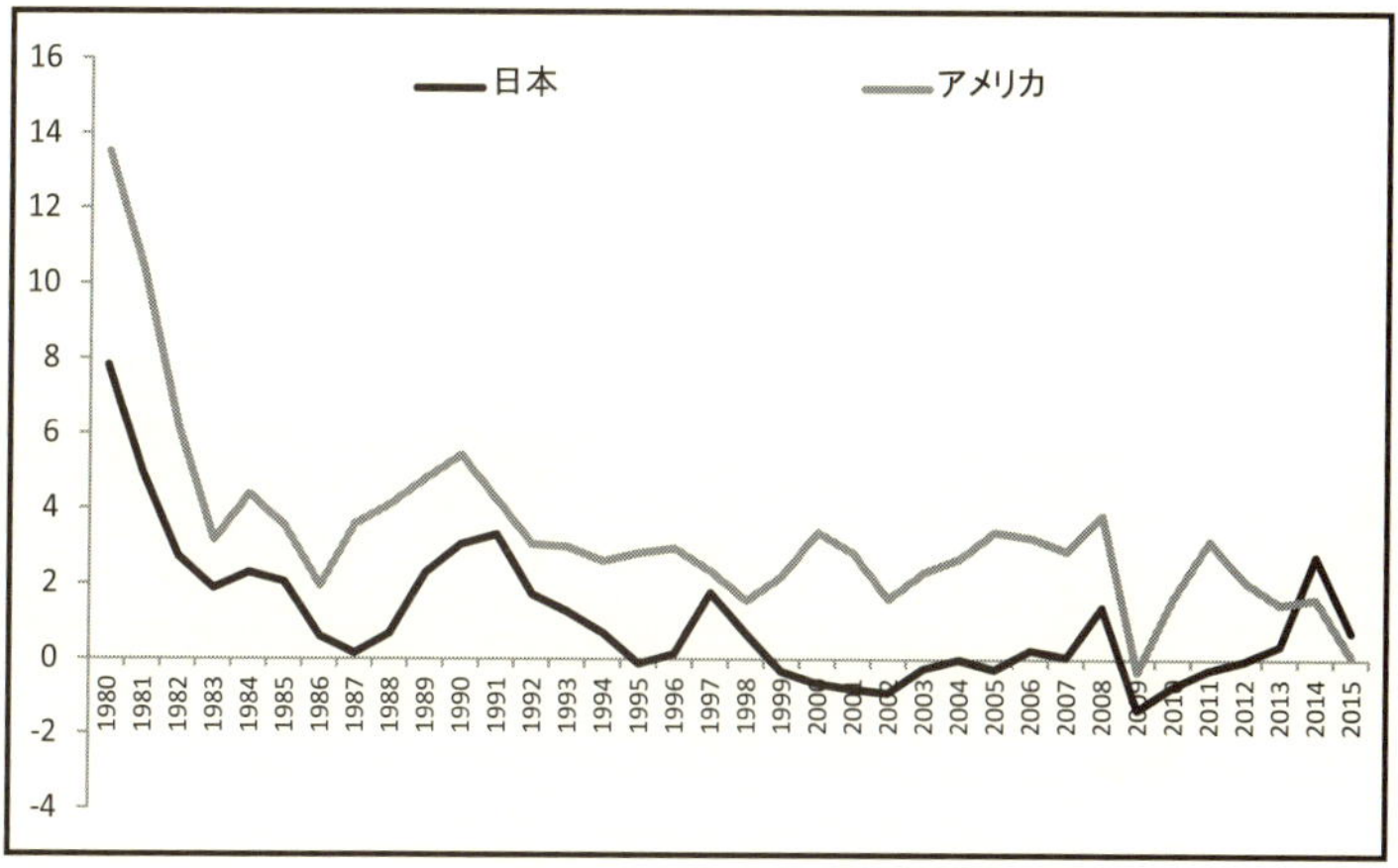

※2015年はIMFによる10月時点の推計値

図表5　インフレ率（年平均）の比較（単位：%）
（IMF資料より作成）

くいが、日銀（政府）は、インフレ誘導政策をそう簡単にはやめるとは思えない。

図表5のとおり、2013～2014年はプラス（インフレ）になっている。消費税増税の影響もあるが、日銀のインフレ政策が効いてきているともいえよう。もしインフレ状態が続くとするならば、「インフレ下でどのようにお金や資産と向き合えばいいのか」を、じっくり考えなければならない。繰り返すが、インフレを平たく言えば物価が上がることで、インフレ率は上昇率のことだ。それは、通貨（お金）の価値が下がったとも言える。

仮にインフレ率が1～2％という状態が続くと、100万円の銀行預金に対して利子はわずかしかつかないが、資産価値としては実質目減りしていくのだ。インフレ期には、預金の金利の低さを嘆くよりも、インフレ率よりも低い利率しかないため、実質円資産が目減りすることを嘆いた方がよい。

図表5を見ると、バブル崩壊以降（1992～2014年）、日本のインフレ率の年平均は0・23％。それに対してアメリカは約2・43％となっている。アメリカはリーマンショック後に大きく落ち込んだが、ほどなく戻している。

ちなみに、IMF（世界通貨基金）発表データでは、2014年のインフレ率はG7の中では日本が最高で2・73％、カナダ、アメリカ、イギリスが1％台、フランスと最低のイタリアは０％台。ＡＳＥＡＮでは、インドネシアが６％程度、低いのはタイ、シンガポール、ブルネイで０～１％台。他は３～４％となっている。

今後はどうなるのだろうか。

先程のグラフにもあったように、２０１３年～２０１４年は、わずかではあるがインフレ状態になった。日銀（政府）のなりふり構わない政策はある程度効いているといえよう。そしてＩＭＦの予想では、日本は２０１５年から向こう３年間プラスになるとしている。日銀の目標２％に対し、実際は１・５～１・８％くらいになるのではないかというのがＩＭＦの予測だ。

⑥ インフレ下での、資産防衛策

今後も1～2％程度の緩やかなインフレが続き、通貨の価値が目減りしていくということになると、何も対策をしなければ、現金資産の価値は下がっていく。インフレの状態では、現金、養老保険、長期の定期預金などが一番弱いといえる。

それとは反対に、インフレに強い資産は、金と土地・不動産など現物に価値があるものだ。

そのうち金は、世界中で取引されているため、その国のインフレ状況がダイレクトに価格に反映するわけではない。他の要因でも大きく働く。

一方、土地や不動産は、大半の場合、国内だけで取引は完結する。「世界同時株安」はあっても、「世界同時不動産安」はない。インフレが続けば続くほど、現金価値の目減りになるから、その資産防衛として不動産を買いたいと思う人が増えてくるのは当然で、もちろん、不動産価格が上がれば賃料も上がる。好循環が生まれ、不動産投資がますます増えることになる。

現在のインドネシア、ベトナム、カンボジアなど経済急成長国家や少し前のシンガポールや

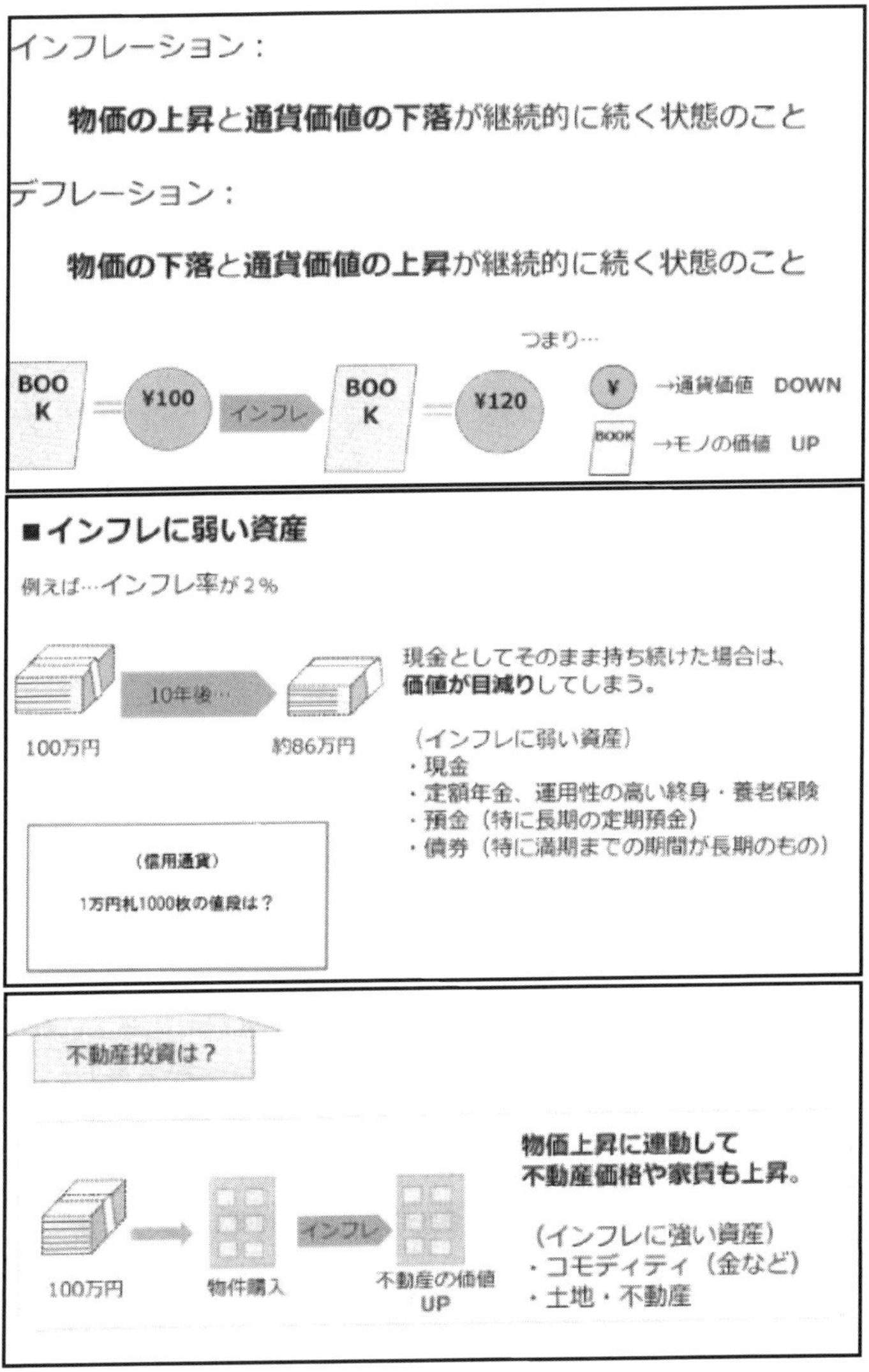
インフレーション：
物価の上昇と通貨価値の下落が継続的に続く状態のこと
デフレーション：
物価の下落と通貨価値の上昇が継続的に続く状態のこと
つまり…
BOOK
¥100
インフレ
BOOK
¥120
¥
→通貨価値　DOWN
BOOK
→モノの価値　UP
■インフレに弱い資産
例えば…インフレ率が２％
10年後…
100万円
約86万円
現金としてそのまま持ち続けた場合は、
価値が目減りしてしまう。
（インフレに弱い資産）
・現金
・定額年金、運用性の高い終身・養老保険
・預金（特に長期の定期預金）
・債券（特に満期までの期間が長期のもの）
（信用通貨）
1万円札1000枚の値段は？
不動産投資は？
100万円
物件購入
インフレ
不動産の価値
UP
物価上昇に連動して
不動産価格や家賃も上昇。
（インフレに強い資産）
・コモディティ（金など）
・土地・不動産

図表6　インフレーションと不動産投資

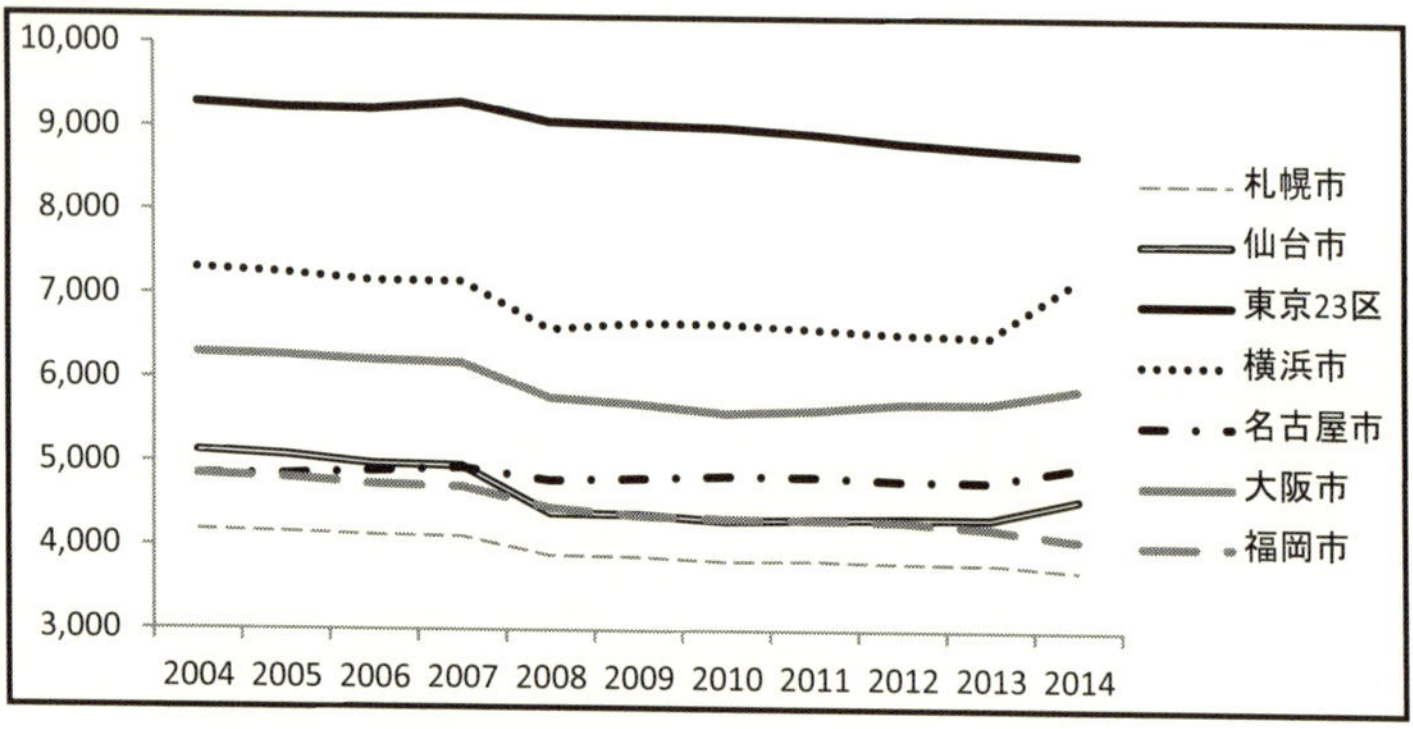

図表7　主要都市の賃貸住宅の家賃の推移(円／坪)
(総務省統計局「小売物価統計調査」より作成)

中国、日本においては1960年代から1970年代にかけて、どれもかなりのインフレが長期間続いていた。

こうした状況下で、その国の国民は、資産確保（目減りさせない）のために、現金資産だけでなく、不動産資産などを購入してきた。保有する不動産資産は、まず自宅用の不動産（住宅）、そしてお金にゆとりがあれば、賃料を生む投資用不動産を保有してきた。

今の日本でも、現金を不動産に代える動きが見え始めている。

2013年以降、都市部を中心に不動産価格が上昇しているのは周知のとおりだ。繰り返すが、インフレになると、通貨の価値が目減りする。そのために、インフレ下においても目減りしない不動産などに資産を転化させ守るという流れが起きているのだ。他にも、資産の防衛策はある。インフレとともに価格スライドする収入源をもつことだ。その代表的なものが、家賃などの賃料収入だ。

図表7は日本の主要都市の賃貸住宅の家賃の推移を示している。各都市とも多少の上下はあっても、おおむね横ばいの状況が続いている。

図表5のグラフ「インフレ率（年平均）の比較」で見たように、この間（2003〜2013年）の日本経済はインフレ状態になく、また大幅なデフレと呼ぶような状況でもなかった（リーマンショック前後の一時的な状況を除く）。

この間の賃料は、そんなインフレ率のプラスマイナスゼロ状態が続いたことも原因の一つと思えるが、ほぼ横ばいだった。

賃料は、物価や景気変動にほとんど影響を受けることなく、安定した価格を保っている。まとめると、２０１３年から日銀の誘導で始まったインフレ状況下においては、賃料収入を持つことの重要性がますます高まるということだろう。

⑦ 円安時代に不動産投資は有効か？

政策による円安誘導

ご承知のように２０１３年以降、円安傾向が続いている。円安の影響で、特に輸出を主力とする企業は大きな利益につながっており、２０１５年度中間決算などで、最高益を記録する企業も見られる。この政策は日本国全体の利益につながっており、全体をみれば今の日本経済は以前に比べいい状況にある。

しかし、この国家の政策で導かれている円安は、海外通貨の関係での相対的資産目減り、インフレは自国内での通貨（円）の価値減少という状況も生み出している。しっかりと資産防衛策を打っておかないと、円安が進行すると、対外国通貨から見て少しずつ円資産は目減りしていく。

日本人の多くは円で貯金しているため、円安は、世界的に見れば日本人の資産の減少を意味している。

通貨は、自国においては商品やサービスが円滑に流通するための機能を持つが、国を跨いでのやり取り＝為替においては、通貨の力の差が生まれる。通貨の持つ力とは、通貨の信用力のことを言い、言い換えれば（金と交換できない不換紙幣であるので）発行国の信用力とも言える。

しかし、今の為替相場は先に述べたような教科書的な動きはしていない。その国の金融政策と相手国の状況によって、相場は決まってくる。

現在の為替相場は、各国のいろいろな意図がからみあい、その中で日本政府・日銀は円安に誘導していると言えるだろう。しかし、これは冒頭に述べたように、円資産の減少政策だとも言える。なぜ、国家がそんなことをするのだろうか。国民の多くは円での資産を所有しており、そして、その円資産を国内でしか流通（＝使用）させないため、国民一人ひとりにとっては、影響が少ないと判断したのだろう。

それよりは、日本全体の経済を考え、円安によって輸出競争力を高めることで、企業の業績を上げ、株価を押し上げ、その結果景気が浮上する、という流れを狙った。つまり、国全体の利益を求めた。個々よりも、全体の利益という政策だ。

しかし、輸入原材料の上昇、そして消費税増税などがあり、円安誘導は、結果的にインフレ状況を後押しした。一定範囲のインフレーションは、経済の発展を意味しており、資本主義経済では正しい状況だ。しかし、ハイパーインフレと呼ばれる急激なインフレは、最近ニュース

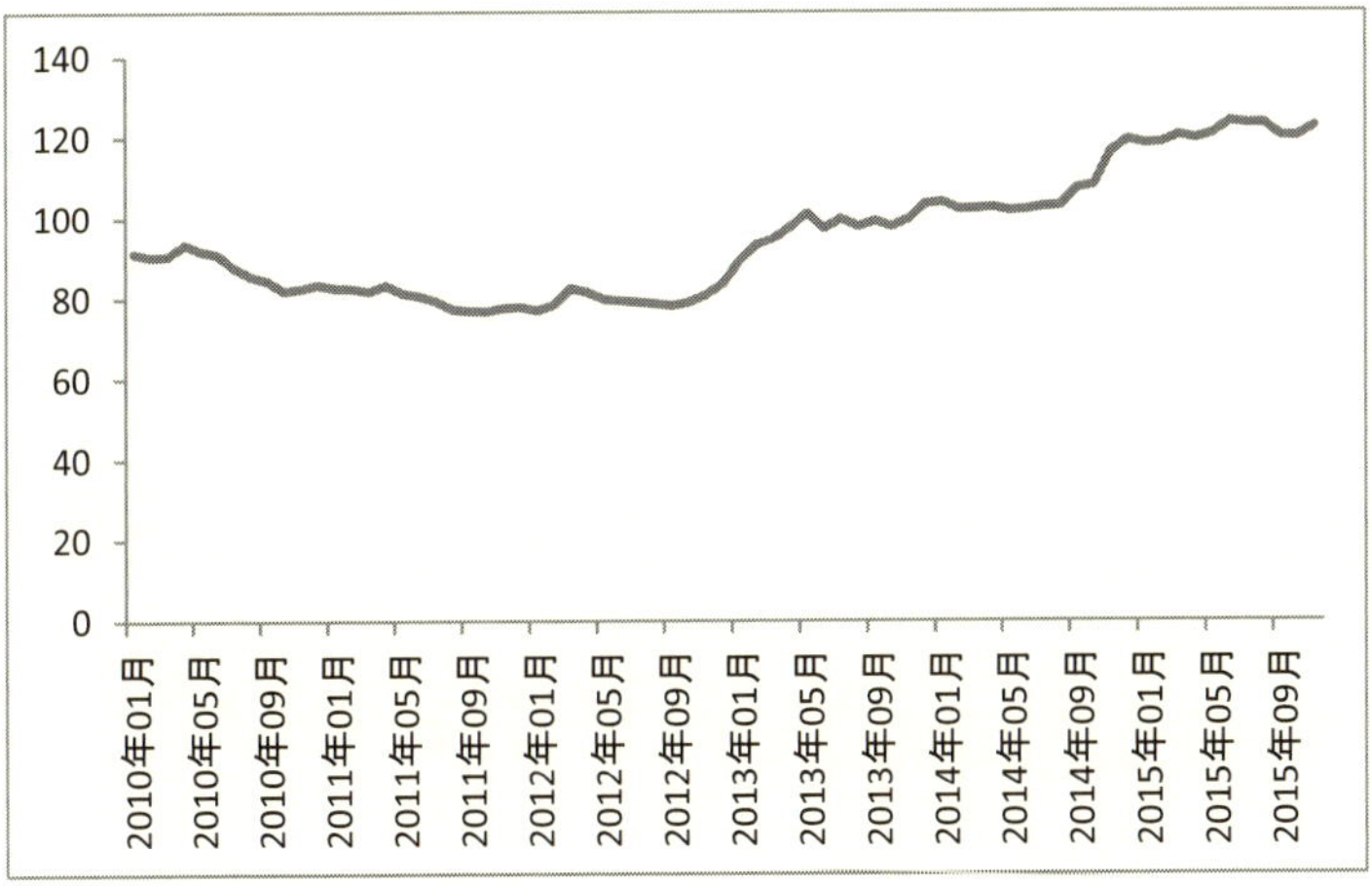

図表8 USドル／円の為替レートの推移（単位：円）
（IMF"Principal Global Indicators"より作成）

で目にしたジンバブエのような通貨破綻にもつながる。つまり、通貨資産が実質意味をなさなくなるということだ。

さらに、円安によって株価が上昇すると、外国人が大量に株を購入する。本来株価とは、企業の業績や経済状態を反映するものだ。一般的には、企業の業績が上がれば株価も上昇する。

しかし、２０１５年現在の各企業の状態は、もちろん業績が良い企業も多いが、逆に円安の影響で原材料費が高騰し、利益を捻出するのに四苦八苦している企業も少なくない。

このような状態でも株価が上がるということは、多くの外国人投資家が買っているのだろう。つまり、国内においては、それほど好景気の実感がないままに、株価が上昇している状況であると言えるだろう。

円安・インフレ時の投資をどうすれば良いか

円安・インフレ状況下の資産防衛策の代表格は、金などの貴金属への投資、そして不動産への投資だ。すべてを円資産で持つのは危険であることははっきりしている。多くの資産家の方々にとって、円（現金）、不動産、外貨、株式、金などへの資産分散が必要という時代になった。

そんな不動産投資（賃料収入）の中で、最もポピュラーなのが賃貸住宅投資だ。土地を持たない人は都心部などのワンルーム賃貸マンション（区分所有）投資、土地を持っている方は土地活用（賃貸住宅経営）というのが、不動産投資の代表格だ。

東京では、すでに投資用不動産を購入する人が非常に増えているが、株式と同様、こちらも外国人による購入が増えている。

多くの日本人からすれば、この状態は、景気上昇に実感がなく、収入もさほど増えているわけでもないのに、不動産の価格だけは上昇している状況といえるだろう。

不動産価格の上昇を実感すると、円という資産で持っているよりも、不動産という資産を持っていたほうがいいということになる。結果、不動産を購入したり、持っている不動産に賃貸住宅を建てたりと、何らかの形で不動産を資産とするような投資が増えているのだ。

⑧ なぜ、住宅ローン低金利が続くのか？

自民党政権は、アベノミクスと呼ばれる経済政策を行い、日銀は金融緩和政策を続けている。その影響もあって、２０１３年以降は貸出金利低下の一途をたどっている。

景気回復、株価値上がり、インフレ、と本来は住宅ローン金利が上昇してもよい材料がそろっている。しかしながら、基準となる政策金利の引き上げを、日銀が行う見込みはしばらくなさそうだ。

そこには、インフレにもかかわらず低金利をキープすることによって国民の購買力を上げ、経済を循環（発展）させ、税収入を増やそうという狙いがある。経済学の常識を打ち破るような、なりふり構わぬ意気込みで、政府・日銀は景気回復を行いたいと思っている意識の表れと言っていいだろう。

多くの不動産投資家や土地オーナーは、賃貸住宅経営を始める際に、その購入費や建設費用を銀行などから調達（借り入れ）し、スタートする。そのため、経営の収支計画を組み立てる上では、ローンの金利次第で、収支に大きな違いが出てくる。

金利が上昇することによって、収支計画が悪化することが予測されれば、それだけで投資意欲が減退する。

土地活用として賃貸住宅を建設するための一般的な銀行ローンは、アパートローンと呼ばれており、その金利は、（自分が住むための）住宅ローンに比べて、０・５～１％程度高めに設定されていることが多い。

また金利には、状況に合わせて定期的に見直される変動型とずっと一定の固定金利型の２パターンある。かつては、固定金利にする方が多かったが、今では変動金利を選ぶ方が多いようだ。

また、返済方法には毎回の返済額となる元金と利息の合計が均等となる元利均等型と、一定額ずつ元金が減っていく（つまり、最初は支払総額が多いが、支払総額が徐々に減っていく）元金均等型があるが、ほとんどの方が元利均等型を選ぶ。

図表９は、住宅金融支援機構が提供している、固定金利＝フラット35の賃貸住宅用のローン金利の推移を示したものだ。

２０１３年初めあたりから、金利がどんどん低くなり、２０１５年秋現在では２％以下の金

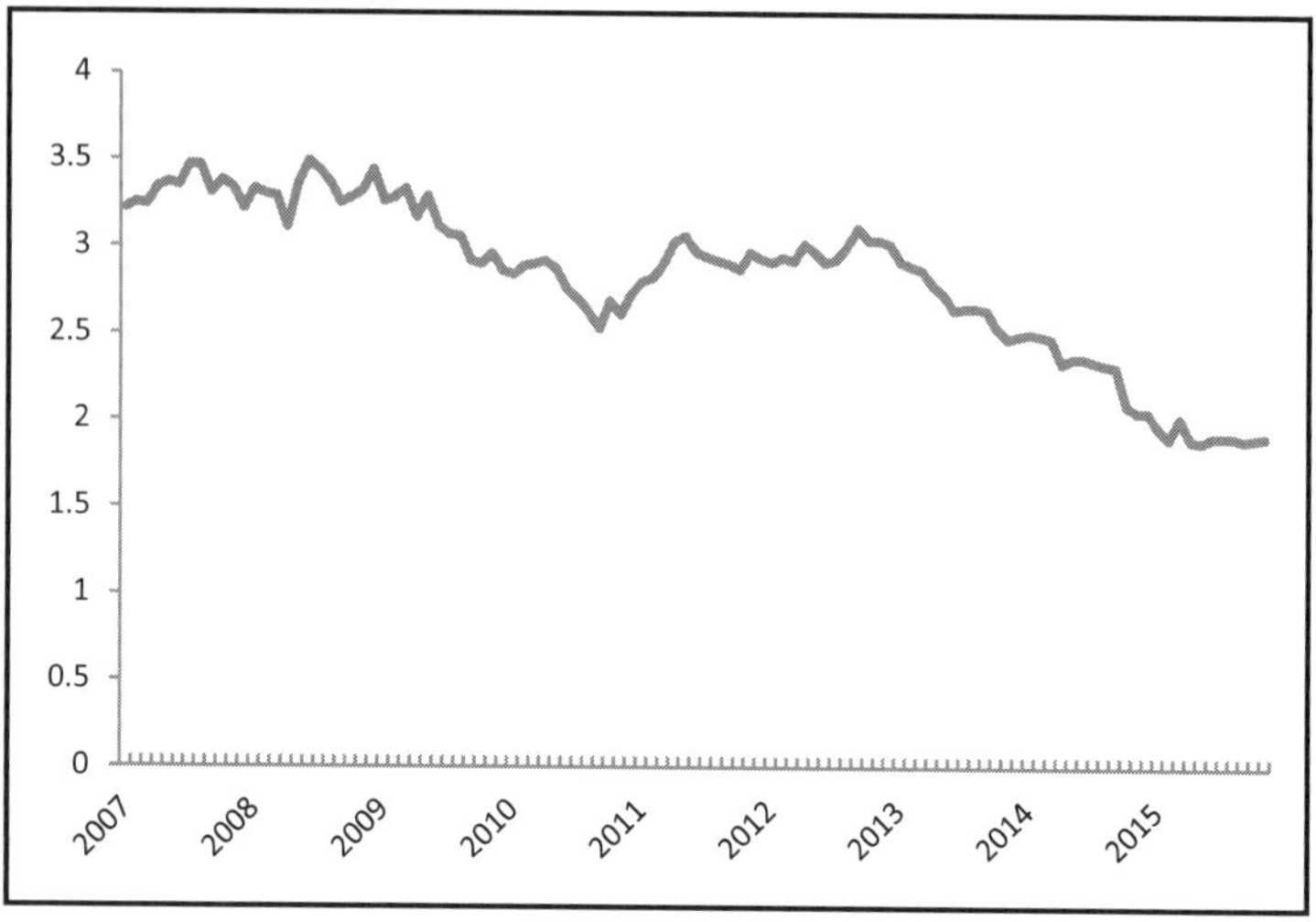

※繰上返済制限制度無、35年固定の場合

図表9 賃貸住宅ローン金利（フラット35）の推移（単位：%）
（住宅金融支援機構の資料より作成）

利で借りることが出来る。前回不動産市況が活況だった（リーマンショック前の）２００８年半ばには、賃貸住宅ローン金利が３・５％程度だったことを考えると、いまはかなりお得感がある。各銀行が提供している賃貸住宅用ローン（アパートローン）金利は、公には２％台の半ばとなっているが、ハウスメーカーなどと提携したローン（提携ローン）では、それよりも低い金利が提供されているようだ（具体的な金利については金融機関に問い合わせていただきたい）。

では、今後賃貸住宅ローン金利はどうなるのだろうか。

ローン金利は、おおざっぱに言うと、固定金利は長期プライムレート、変動金利は短期プライムレートに金融機関の利益分の金利を上乗せして決まる。

図表10は、長期プライムレート、短期プライムレート、そして、日銀の政策で決まる公定歩合に賃貸住宅ローン金利、（一般の）住宅ローン金利の推移を重ねたものだ。

このグラフを見ると、しばらく低金利が続きそうだ。しかも、政府や日銀は、はっきりと「金融緩和を続けます」と公言している。

ただ、今の景況感が続けば、数年以内には、金利引き上げがあるかもしれない。しかし金利が上がることがあっても、これまでの経緯からみても、小さな上げ幅で段階的に上がるだろう。

黒田総裁の任期が２０１８年に切れるが、そのあたりが一つの転換点になるかもしれない。

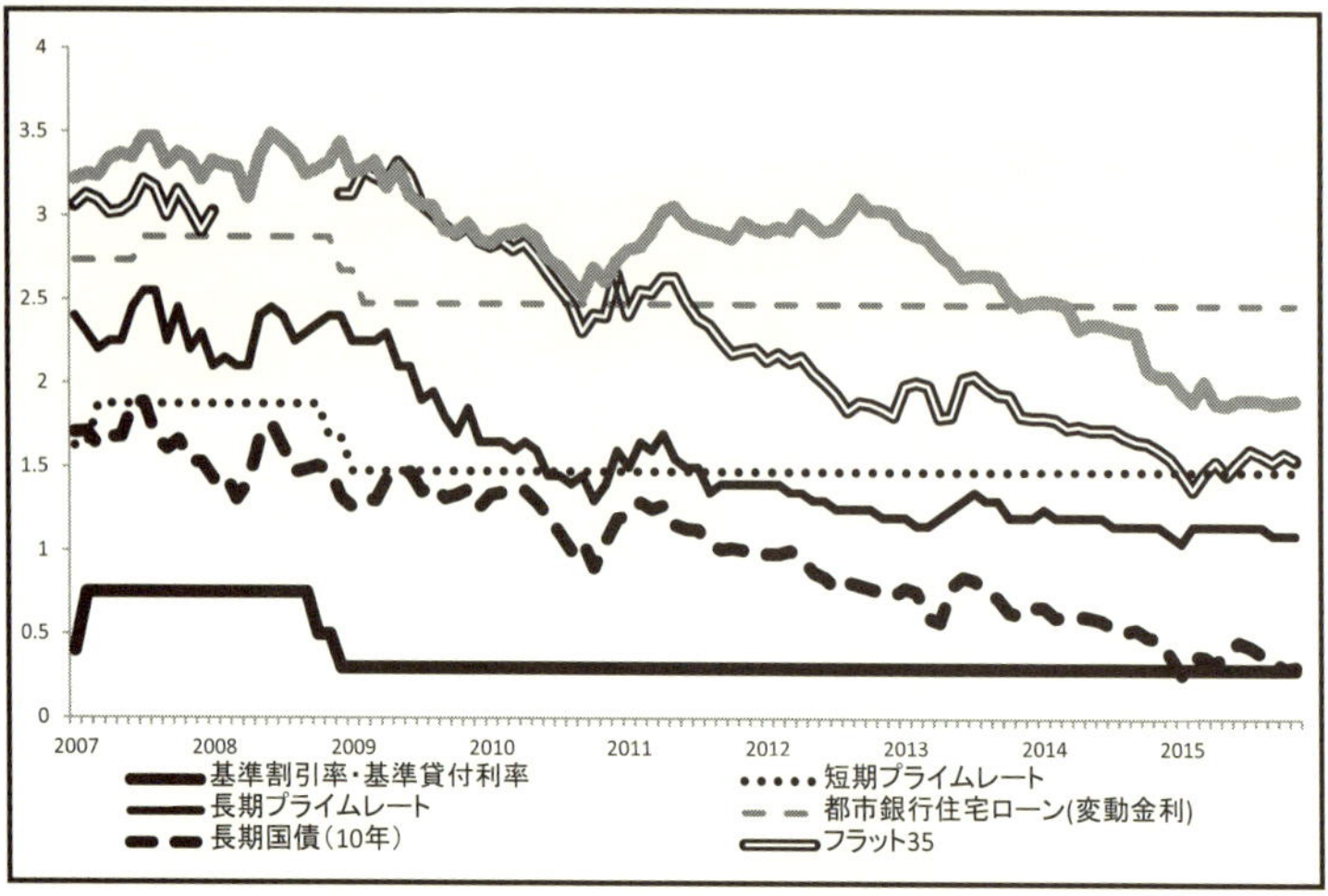

図表10 各種金利の推移

（出典：基準割引率・プライムレート：日本銀行、都市銀行住宅ローン：各金融機関、長期国債：財務省、フラット35：各金融機関、賃貸住宅融資（35年）：住宅金融支援機構）

※1 基準割引率：都市銀行が自主的に決定した金利のうち、最多金利を採用。
※2 短期プライムレート：1989年以降、都市銀行が短期プライムレートとして自主的に決定した金利のうち、最多金利を採用。
※3 都市銀行住宅ローン：都市銀行各行の中央値を採用。
※4 長期国債金利：月の平均値を採用。
※5 フラット35：返済期間21年以上の金利　（融資金額9割以下）
・～2008年1月：平均金利を採用。
・2008年2月～11月：公表なし
・2008年12月～：最多金利を採用。
※6 繰上返済制限制度無、35年固定

第2章

❖

データで
不動産市況を読み解く

第２章では、これまでと現在の不動産市況を分析し、これからの不動産市況の予測を行う。ここでは、主に地価や不動産市況をウオッチするためのデータが掲載されている。この領域のデータは、ほとんど国土交通省のＨＰから入手できる。

①地価公示に関するデータ　　国土交通省ＨＰ
　※時系列データに関しては「国土数値情報　ダウンロードサービス」よりデータ加工
②ＴＯＰＩＸと東証ＲＥＩＴ指数に関するデータ　　株式会社東京証券取引所ＨＰ

①日本の地価30年推移と7年サイクル論

この章では、不動産市況について考えてみよう。

賃貸住宅経営においては、その主な収益は賃料収入（インカムゲイン）で、投資した不動産そのものの値上がりによる利益（キャピタルゲイン）は、「運が良ければ」程度で考えている投資家も多いだろう。

しかし、不動産市況は、ある程度はっきりとした動きを示すため、丁寧に各種データを見ておけば、市況がある程度読めるだろう。その不動産市況を見定めるベースとなるのが、公示地価の動きだ（図表1）。

図表1は、１９８３年から２０１５年までの公示地価を示している。

ここでは、日本全国平均と４つの大きな都市圏の中心の府県である東京都、愛知県、大阪府、福岡県の地価データを重ねてみた。

まず日本全体がどうなってきたのかということを見てみよう。

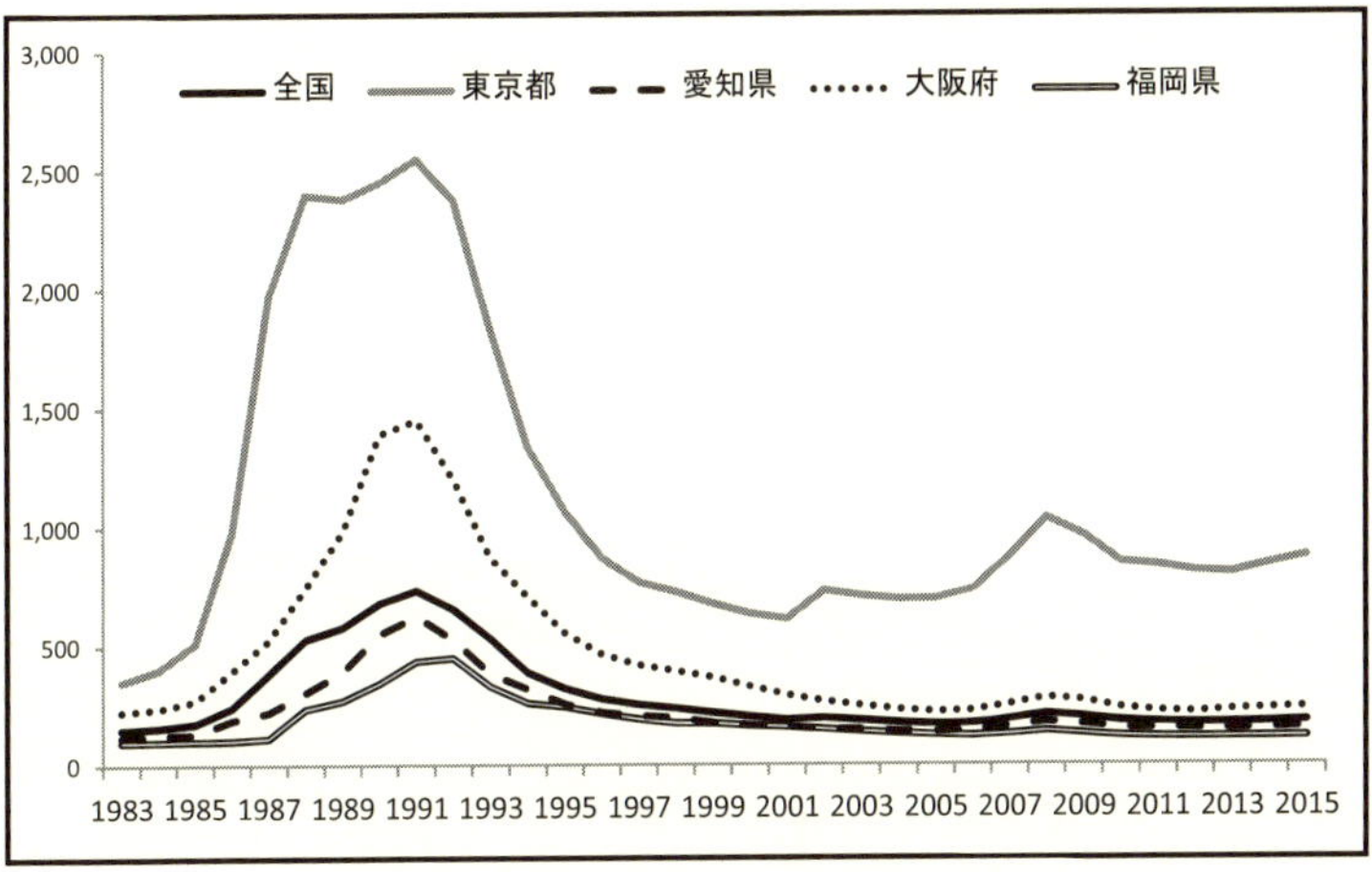

図表1　地価公示推移（単位：円／㎡）
（国土交通省「地価公示」より作成）

1980年代の前半までは、日本経済が成長するのに合わせて、日本各地の都市部の地価上昇は続いた。

しかし、1985年。ニューヨークのプラザホテルで交わされた日米両政府の合意（プラザ合意）を引き金に株価が上昇、それにつられて不動産価格も上昇し始めた。金融機関は値上がりを期待して、かなり思い切った不動産融資を展開し、それがさらなる不動産価格の上昇を招いた。

地価は急激に上昇した。主な都市の地価ピークは1991年となっている。公示地価は、その年の1月1日の地価を春に発表するものなので、実質的に最も不動産価格が高かったのは、1990年内だったということになる。東京都においては、上昇し始めた1985年とピークの1991年では、約5倍となっていた。ピーク時の平米単価約250万円は、坪換算では約825万円となる。

ちなみに、グラフをみればわかるように、福岡は1992年がピークとなっている。その後のミニバブル期を経てリーマンショックでの急落の際も同様に、ワンテンポ遅れてダウンしている。

1991年をピークに、全国的に急上昇した地価が一気に下落したことがグラフを見るとわかる。その急落が、いったん落ち着き始めたかに見えたのが、１９９４年〜９５年頃だ。

１９９４年は、「１９９７年に消費税を３％から５％に上げること」を当時の政権が決定した年だ。地価下落は落ち着くと考えていたのだろうか。しかし、その期待は裏切られる。確かに、急激な下落は止まったが、その後も地価下落は続いた。

その後、下落が落ち着き、一部の大都市の地価がようやく上昇に転じたのは、２０００年〜２００１年にかけてだった。この小さな盛り上がりは、「ＩＴバブル」と呼ばれた時期だ。１〜２年の間、地価が上がったが、その後再び停滞期に入る。

２００１年からは小泉純一郎首相、竹中平蔵氏（経済財政政策担当大臣などを歴任）らが、金融再生プログラムと称して、バブルの膿を完全に出し切り、新たな金融の枠組みづくりに奔走した頃だ。「痛みを伴うが、ここで再生しよう」という意気込みから、次々に大胆な金融政策が導入された。株価も日経平均が下がった時期で、先行き不透明な雰囲気があったものの、２００６年秋までの約５年半でさまざまな改革を実施し、２００５年秋頃からは、地価も株価も再び上昇に転じた。

２００５年頃から上がり始めた地価は、２００８年までは、主要都市部を中心に上昇した。これが世に言う「ミニバブル」と呼ばれていた時期である。この頃の特徴としては、不動産フアンド（ＲＥＩＴ等）というプレイヤーが、始めて大きな存在として活躍したことが挙げられる。

「地方の切り捨てだ」という不平不満が聞こえた「小泉・竹中改革」であったが、バブル崩壊以降、麻痺していた金融業界を整え、不動産と金融の融合をもたらし、その結果、不動産市況は活況となった。現在の不動産市場の在り方は、この時の改革により、整備されたものだ。


ところが、「日本経済はこのまま好景気が続く」と思っていた矢先、日本も含め世界中が金融不安に襲われる。アメリカを発端としたリーマンショックだ。２００８年に入り、日本にも金融不安の影響が広がった。それに伴い、地価も下がり、不動産市況は急激に冷え込んだ。

２００９年には、長く続いた自民党政権から民主党政権への転換があり、経済政策に苦手なこの政権は、アメリカなどがいち早く対策を打ったにもかかわらず、後手後手の対応だった。そんな矢先、２０１１年３月、日本は大きな災害に見舞われる。その復興対応、原発問題などに揺れに揺れていた日本において、不動産市況の冷え込んだ状況が続いた。

そして、２０１２年末の選挙で再び政権が交代し、安倍政権が誕生する。

経済・金融政策にまず手を付けたことが功を奏して、政権誕生からすぐに２０１３年に入り地価が再び上昇し、現在（２０１５年秋）に至る。

日本の不動産市況の30年をざっと振り返ると、このようになる。

②　不動産市況7年サイクル論

本章冒頭で不動産市況は、「注意深く観察していると、読みやすい」と述べたが、その理由として、「日本の不動産市況には、サイクルが結構はっきりとある」ことが挙げられる。

前節で説明したグラフ（図表1）では、全国と主要都市の地価を示したが、図表2のグラフは、その地価を実数ではなく、前年増減率で示したものだ。

前述のようにバブル崩壊による地価の急落が収まったのが1994年、そしてITバブルのピークは2001年、そしてミニバブルのピークが2008年。このように、日本の不動産市況、住宅市況の盛り上がり、あるいは転換点となるのは、おおよそ7年サイクルとなっている。

前述のように、ミニバブルにより地価上昇が見え始めたのは2005年ごろ（2004年頃からキザシがあった）で、公示地価のピークは2008年分だ。

安倍政権の経済・金融政策（通称：アベノミクス）により不動産市況が盛り上がったと言われているが、実際には安倍政権が発足した2012年年末よりも前の2012年8月くらいから、

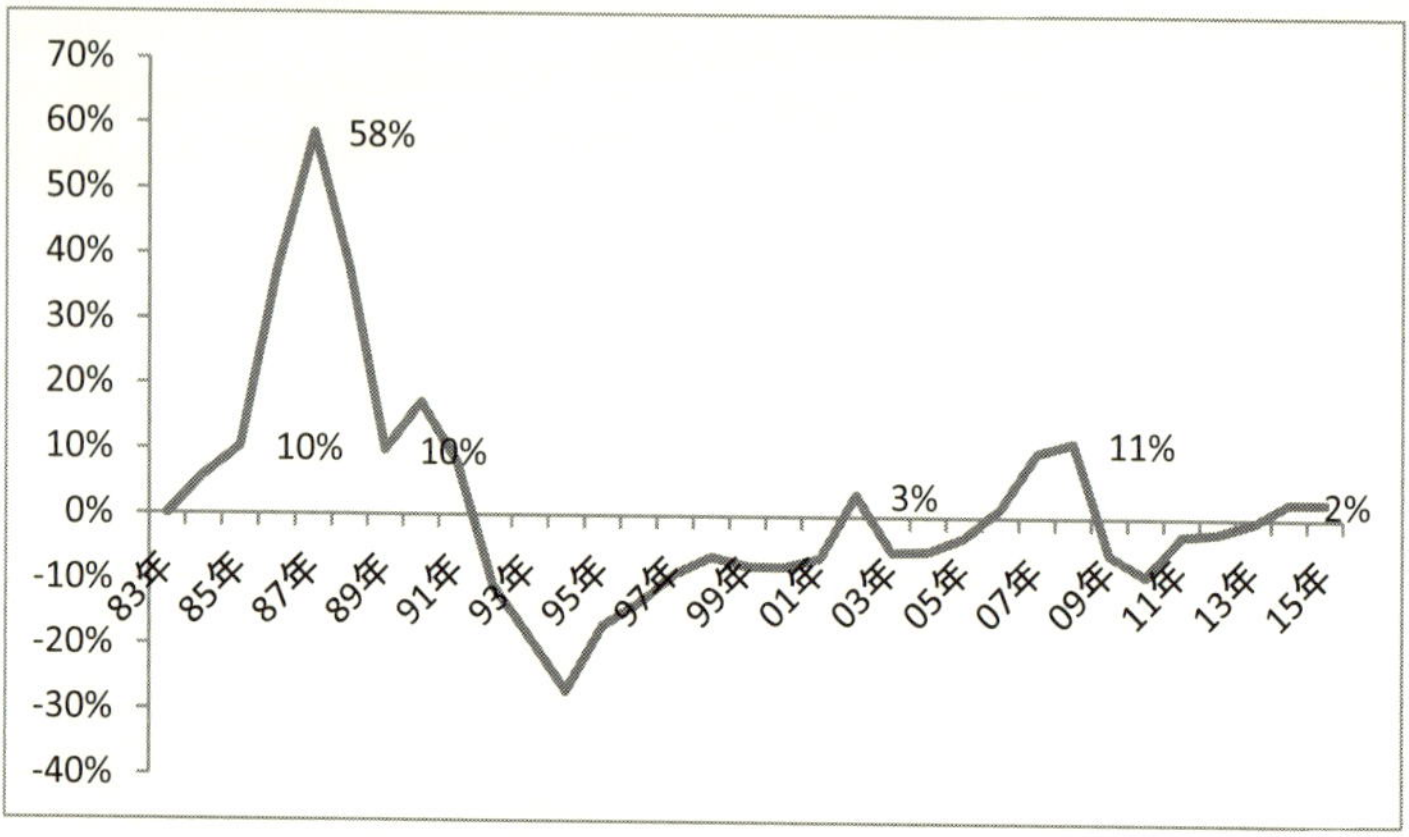

図表2　公示価格のサイクル（全国）（単位：円／㎡）
（国土交通省「地価公示」より作成）

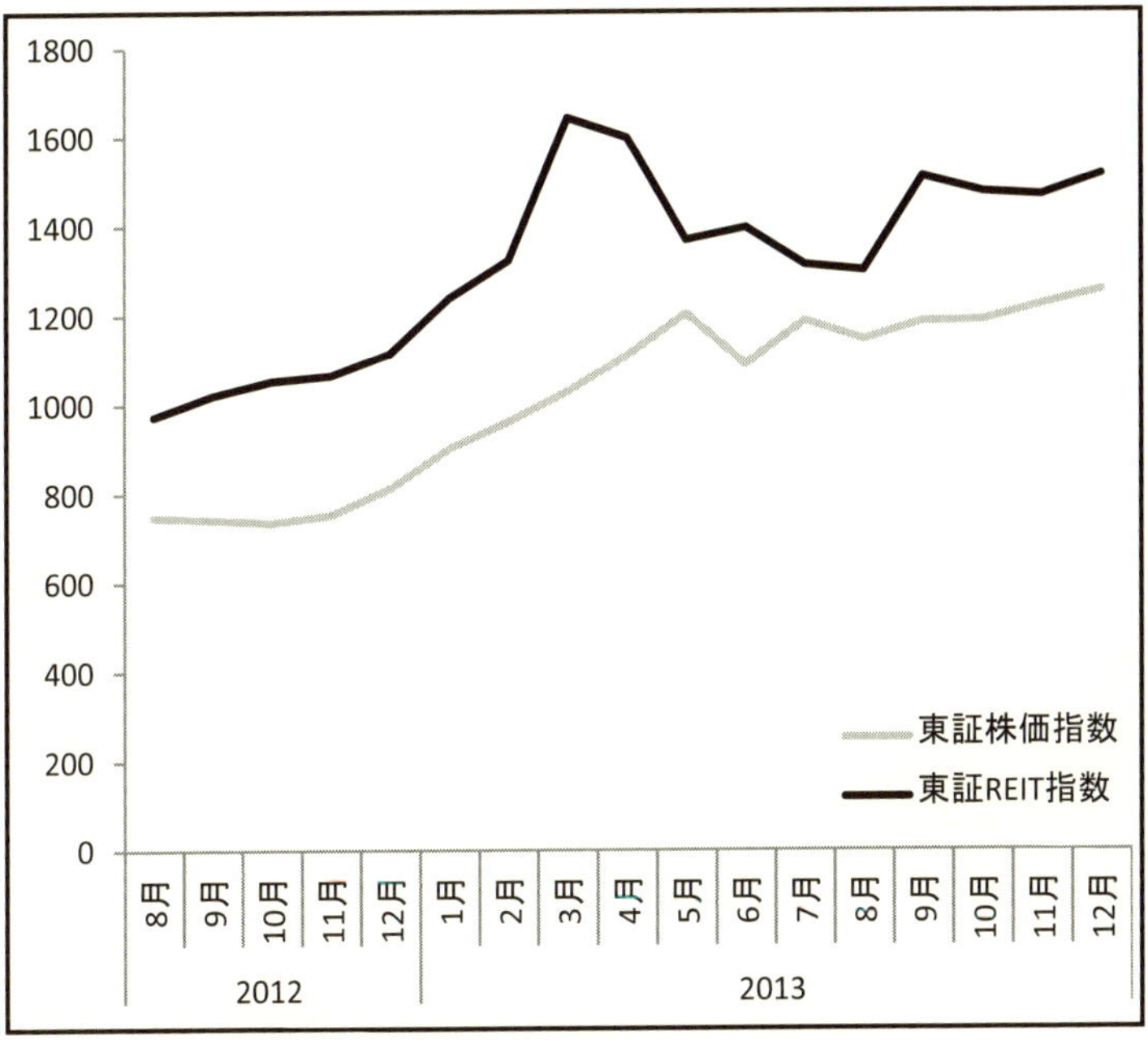

図表3　東証株価指数と東証REIT指数
(東京証券取引所データをもとに作成)
(注)東証株価指数TOPIXは1968年1月4日＝100
東証REIT指数は2003年3月31日終値＝1000

不動産の指数やＲＥＩＴ指数が上がり始めていた。図表３を見ればわかるように、ＴＯＰＩＸ（東証株価指数）は政権交代前後頃から上がりはじめたが、不動産市況はそれより前から盛り上がり始めていた。ミニバブルの盛り上がりスタートの２００５年から７年後が２０１２年ということになる。７年のサイクルはここでも見える。

ミニバブルのピークだった２００８年からの７年サイクルだとすると、２０１５年に盛り上がり転換が起こっている可能性がある。

おそらく、２００８年の７年サイクルとなる２０１５年は、後から振り返れば、「不動産市況において何らかの転換期だった」となることだろう。

現在２０１５年秋、メディアでは、中国の経済問題、ギリシャの経済問題、アメリカの利上げなど、世界中の経済に影響を及ぼしかねない経済問題の報道をよく目にする（２０１５年12月、アメリカは、わずかだが、利上げを発表している）。日本経済が国内だけで完結しなくなった今の時代、このような問題がリーマンショックのように大きな問題に発展すれば、日本も必ず影響を受けることになるだろう。不動産市況が大幅に悪くなるとは思わないが、そろそろ日本全体で地価の上昇が一服する可能性が高いと思う。

こうした、市況の転換は、その時にははっきりと見えない、バブル崩壊の時もそうだった。しかしキザシとして、高額マンション価格の天井感等、いくつか兆候が出始めている。ここで、

「後から振り返れば」と記したのは、そういう意味だ。

私は、2012年くらいからこの7年サイクル論を講演で言い続けてきた。2015年秋頃からは、各経済新聞でもそろそろ地価の天井だろうという予測記事が出てきた。7年サイクルを理解したうえで、そういう記事を読むと、当初予測していたことが現実となりつつあることを感じる。

ちなみに、福岡などの地方都市は、東京が下落し始めたり、何かの転換点を迎えたりしてから1年後くらいに、その変化が波及してくるというのが定説である（前述）。

こういう不動産の動きを見ていると、購入したマンションを5年間所有して、転売して利益を出すというような現物投資は、今の日本ではほぼ不可能だといえる。買い叩いて格安でビルを買い、転売するプロなら可能だろうが、一般の不動産投資家には難しい。

だから、現物投資で利益を出すのではなく、賃料で収益をあげることをおすすめしたい。地方都市でも東京でも、現物の相場変動に比べると、賃料の変動は小さく安定している。月単位の賃料を安定的に得るほうが、今の時代には合っているだろう。

③ 2020年まで不動産市況は大丈夫か? 不動産市況のこれから

2020年までの不動産市況を俯瞰してみると、2016年の前半には2012年秋ごろからの盛り上がりのピークを迎えるだろう。しかし、その後大きく下がることはないというのが私の見解だ。

そして、2020年には東京オリンピックが開催される。そのオリンピックを控えた2019年くらいから再び上昇局面を迎えると予想される。

おおむね、2021年から2022年頃まではいい状況が続くだろう。

さらには、オリンピック開催のため、海外からの注目が今より一層、東京・日本に集まるだろう。特にアジア各国の不動産投資家の視線が日本に注がれるだろう。

ここ15年で不動産価格が高騰した、シンガポール、クアラルンプールなどアジアの大都市の不動産に比べて、東京をはじめとした日本の主要地の不動産（住宅・ビル・商業施設）はまだまだ割安感がある。この点を考えると、これからの期待が持てると考える人は少なくないだろう。すでに世界中から、日本の不動産への投資が始まっている。こうした予測を受け、オフィスの移転などを含んだ事業所の拠点展開について、何らかの手を打とうと考えている企業も多い。

そして、読者の方々がもっとも関心をお持ちなのが、２０２０年以降の傾向だろう。この点については、様々な意見が飛び交っているのが現状だ。

「もともと日本の都市の地価が安すぎであり、高騰して当たり前だ」と楽観視して、「２０２０年を過ぎても下がることはない」と言う人もいれば、景気にはすでに陰りが出ており、２０２０年に公共工事のピークが過ぎる。それに併せて地価も２０２０年をピークに下がっていくのではないかと言う人もいる。

もちろんオリンピック開催後には、不安材料もある。

一番の不安材料は、多くの専門家が指摘する国債価格の暴落（金利の上昇）だろう。日本国政府が発行する国債が消化しきれなくなるという懸念だ。２０２０年のオリンピックまでは、なんとか大丈夫だろうが、その後の不安は残る。

こうした国債価格の暴落のキザシが見え始めると、変動金利でのローン借り入れをしている方は、直ちに見直したほうがいい。金利の上昇は、各種のローン金利の上昇に直結するからだ。変動金利の場合、将来の金利の予測がつかなくなるだけでなく、収支計画が完全に狂ってしまうことになる。国債の金利上昇のキザシが見えたら、直ちに固定金利に変更するほうがいいだろう。

④　主要大都市圏のこれからの不動産市況予測

不動産への投資が盛んになっている大都市圏では、これからの不動産市況はどうなっていくのだろうか。

東京（首都圏）、名古屋、大阪・神戸・阪神間、京都、福岡市と順に見ていくことにしよう。

◆東京（首都圏）

前節で書いた日本全体感は、そのまま東京・横浜（首都圏）にあてはまる。というより、もっとも象徴的に反映されるだろう。

東京オリンピックの当地であり、２０２０年までの東京都市の人口増加、２０２０年を過ぎてからの増減、不動産への投資など、東京（首都圏）を中心に進んでいくのは間違いない。

◆名古屋圏

人口動態や企業の集積などからみると、名古屋エリアの動きは堅調に推移するだろう。

現在、名古屋エリアは、首都圏・大阪圏に比べて、投資用の賃貸マンションや賃貸住宅の建築がそれほど多くないが、今後の地域社会情勢、企業の業績、など各判断指標から考えると、今後増加していくことも十分考えられる。賃貸住宅経営のねらい目エリアだと思える。

◆大阪・神戸・阪神間

大阪北部エリア・阪神間は関西の住宅地として人気が高い。今後の人口推移予測から考えると、それほど、大きく伸びることはないが、比較的堅調に推移するだろう。

賃貸不動産もすでに多く建設され、供給も十分にある状態だが、エリアによっては、築年数の経過した物件が多い場所もあるので、ねらい目エリアも散見される。

しかし、問題は、関西エリアは、これから政策的に大きく転換しないといけない時期に来ていることだろう。この問題は明白であるにもかかわらず、なかなか進んでいないようだ。厳しい未来か、明るい未来か、ここ5年くらいで決まると思う。

◆京都

近年、京都では、不動産投資人気が高い。

特に京都っぽさを出した賃貸用住宅、町屋を改装した宿泊施設など、日本の伝統を受け継ぐ街並みに対する高い評価が不動産投資に結びついている。

これまで日本の中で最も世界各地から観光客が訪れる街であった京都。近年の日本への観光客急増により訪れる観光客数はさらに増えており、宿泊施設不足が深刻なようだ。そのため、法律の整備を見越して、観光客に宿泊施設として貸し出すため（ＡＩＲ　Ｂ＆Ｂなどを活用して）のような賃貸住宅投資も見られるようだ。

さらに、最近はキャピタルゲイン狙い（値上がり期待）なのか、ステータス買い狙いなのか、全国の富裕層をターゲットにした超高額分譲マンションも登場している。東京都心の超一等地に匹敵するような坪単価で発売される新築マンションが、抽選する部屋も出て、すぐに完売したようだ。

京都は、これからいろいろなタイプの不動産投資が活発になるだろう。もちろん賃貸住宅を建ててのインカムゲイン狙い（賃料収入）の不動産投資も期待できる地域であり、長い目で見ると、安定的に伸びると予想できる。

◆福岡市エリア

首都圏の不動産市況の動きから遅れて動くため、加熱するときは一気に過熱し、首都圏が落ち込むと、しばらくすると、一気に落ち込むというのがこれまでのパターンとなっていた。

いまの不動産上昇基調も首都圏からやや遅れてスタートして、２０１４年後半から２０１５年初めに一気に過熱した。

福岡市（含む周辺）は九州各県からの人口流入が多いため、賃料は他の大都市と比べてそれほど高くは取れないが、賃貸住宅の需要は底堅い。また、東京や大阪に本社を置く大企業の支社・支店も多いため、ファミリーユース物件にも適している地域だ。

さらに、空港が近く高さ制限があるため、タワーマンションが中心街にない（一部の湾岸エリアのみ）ので、大型物件が少なく、比較的小ぶりのマンションが多いのも特徴となっている。

福岡エリアも不動産投資において堅調に推移するだろう。

⑤ 地方都市の地価のゆくえ

これまでは、日本全体の不動産市況について述べてきた。主要都市部の将来イメージはこれでいいと思うが、人口減少が目立つ地方都市は、将来の不動産市況が厳しい都市もある。

ここでは、将来的に厳しい地方都市に土地を持つ方々がどうすればいいかを考えてみたい。まとめると、図表４のようになる。

多くの地方では、都道府県単位で人口減少が顕著になっている。都道府県の中心地（主に県庁所在地やそれに準ずる都市）に人口集中が進んでいる。そして、この勢いは止まらないだろう。人口減少に伴う１票の格差の指摘を受けて、参議院選挙区で県をまたいだ合区が、２つ誕生した。冗談のような話かもしれないが、遠くない将来、人口減少に伴い県を合併することが起こるかもしれない。市町村合併ならぬ、県合併だ。

こうした地方都市の地価は、１９８０年代後半に、全国的な勢いに乗り値上がりした。地方

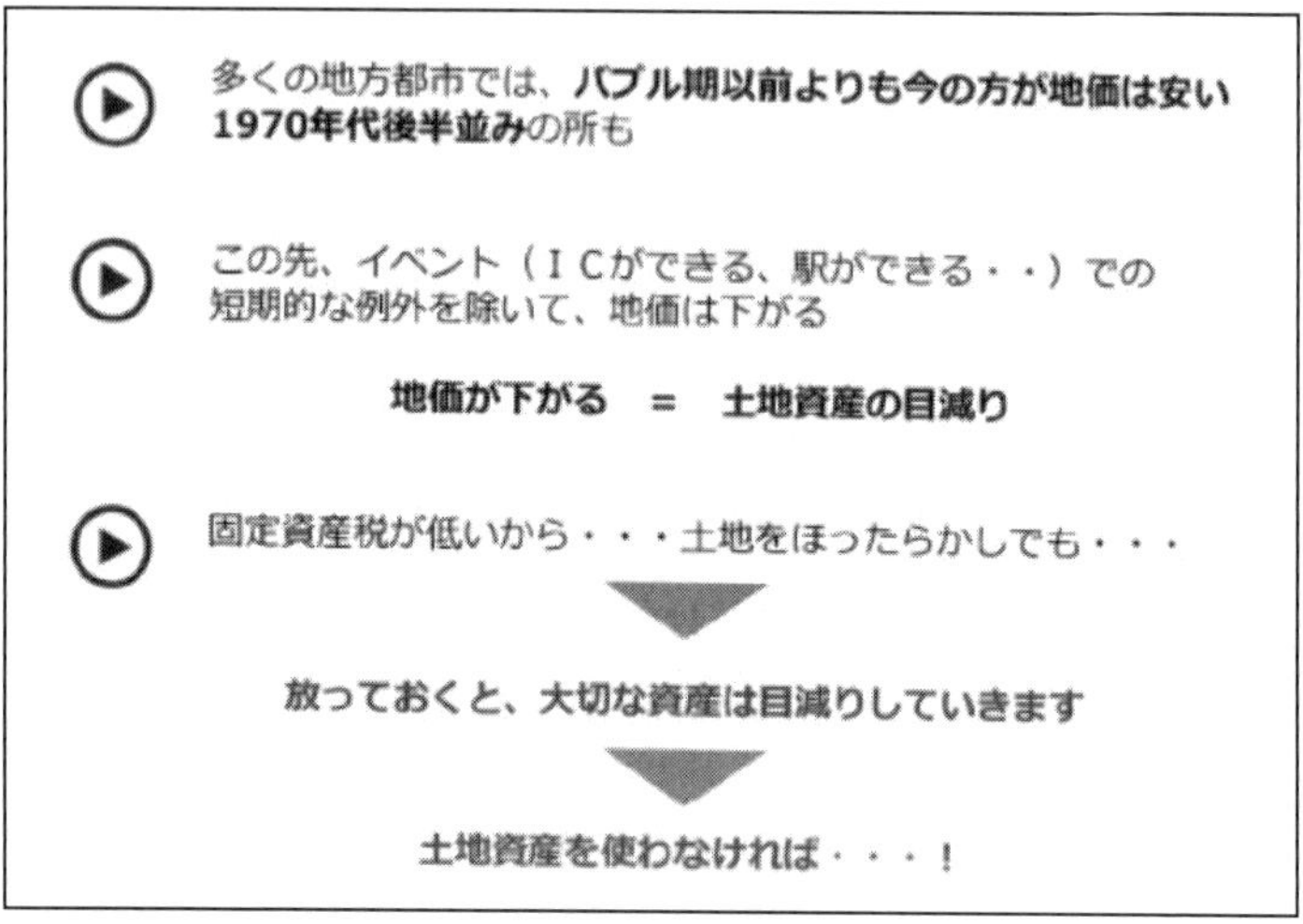
多くの地方都市では、バブル期以前よりも今の方が地価は安い
1970年代後半並みの所も
この先、イベント（ＩＣができる、駅ができる・・）での
短期的な例外を除いて、地価は下がる
地価が下がる　＝　土地資産の目減り
固定資産税が低いから・・・土地をほったらかしでも・・・
放っておくと、大切な資産は目減りしていきます
土地資産を使わなければ・・・！

図表4　地方都市の地価のゆくえ

都市でも、それまでの3倍、5倍と熱狂が起こった。しかし、バブル崩壊とともに、主要都市と同じように地価は急落。しかし、その後の動きは主要都市とは異なっている。

２０００〜０１年のＩＴバブル、２００５〜０８年のミニバブルによる地価上昇、不動産市況の盛り上がりは、ほとんど見られず、多くの地方都市の地価は下がり続けている。今のままでは、人口の増加がほとんど望めないであろうから、この状況が好転する可能性は少ない。地価は下がり続けるだろう。

つまり、こうした都市にある土地資産は放っておくと、価値が目減りするということだ。使わない土地があるのなら、①売れるうちに売る、②収益を生むモノにする、といういずれかの選択をした方がいいだろう。第3章で述べるが、地方都市において、人口減少はするものの、特定の賃貸住宅需要は底堅いと思われるので、使っていない土地に賃貸住宅を建てて、収益を上げるのも有効な手段だろう。さらに、更地にしておいておくよりも賃貸住宅を建てた方が、固定資産税も安くなる。

第3章

❖

賃貸住宅需要はまだ伸びるのか？

第３章では、人口減少社会にある日本においての、賃貸住宅需要について考える。ここでは、人口動態、将来予測のデータ、物価に関するデータを用いた。

①ＣＰＩ（消費者物価指数）家賃に関するデータ　　総務省統計局ＨＰ
②将来の人口動態に関するデータ　　国立社会保障・人口問題研究所ＨＰ
③持ち家世帯に関するデータ　　総務省統計局ＨＰ
④住宅の所有に関する意識調査に関するデータ　　国土交通省ＨＰ
⑤転入者数に関するデータ　　総務省統計局ＨＰ

① 賃貸住宅の賃料上昇のキザシ

２０１２年末から、自民党政権に代わり経済政策が次々に施行されると、株価は上がった。２０１３年初めに比べ、２０１５年末の日経平均株価は2倍近くなり、大都市部の地価上昇、不動産価格の上昇など、住宅・不動産業界は活況になった。２００９年頃から数年間、新興系デベロッパーが苦境に立たされていることに代表されるように、不動産業界では厳しい時代が続いていたが、そこから随分盛り返してきた。

２０１４年に入ると、比較的反応が遅いといわれるオフィス賃料の上昇も顕著になってきており、オフィス賃料の上昇は、大型先進ビルだけでなく、中クラスのビルにまで波及してきている。

景気の波を受けながらも、その影響が現れるのが遅いとされる賃貸住宅の賃料も２０１４年後半から徐々に上昇のキザシが見え始めてきた。

図表1のように、首都圏では、1R（ワンルーム）、DK（ディンクス）、FA（ファミリー）、

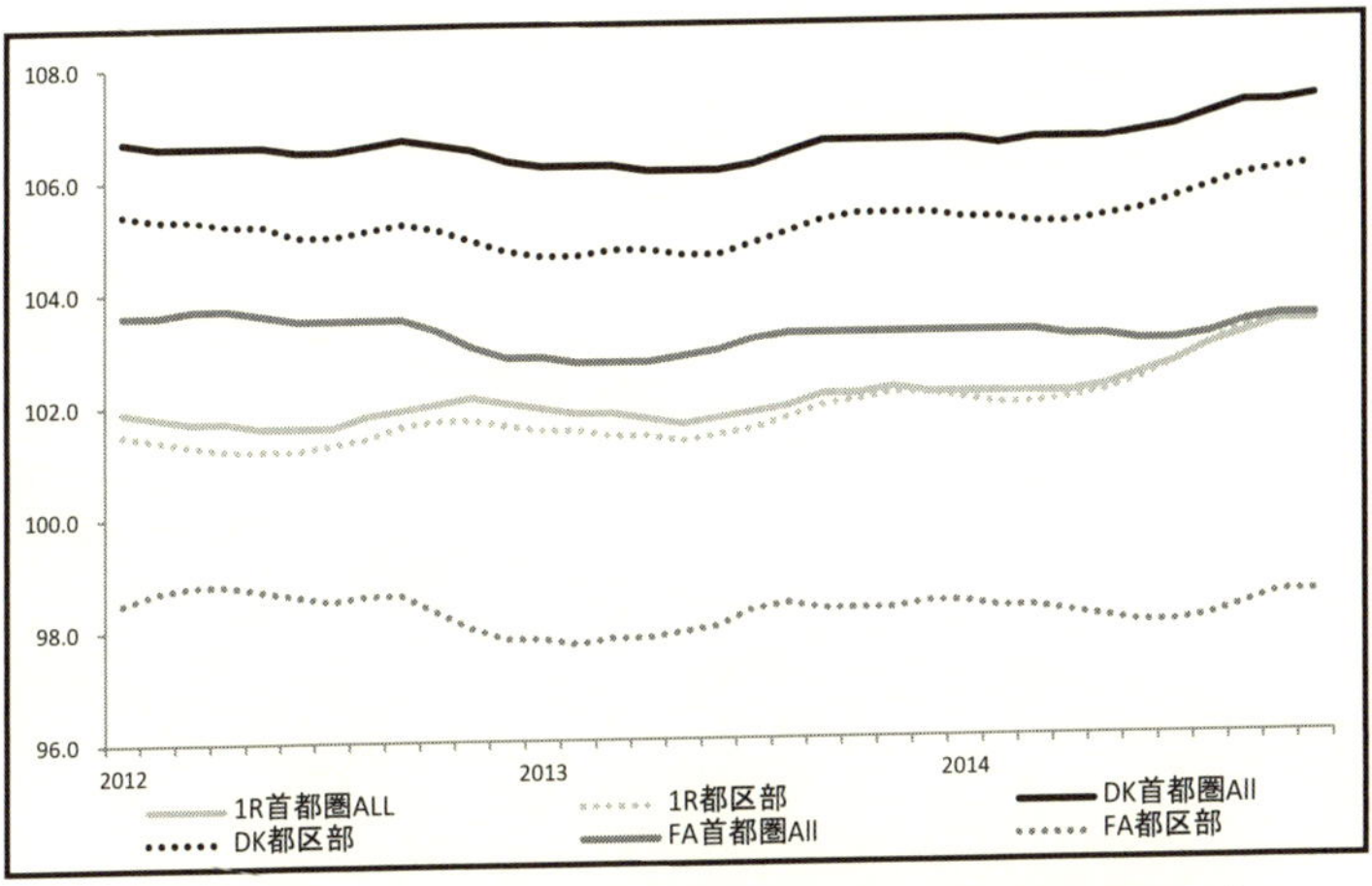

図表1　首都圏の1R、DK、FA賃料の推移（2005年1月＝100）
（㈱IPDジャパン、リクルート㈱「IPD/リクルート住宅指数」より作成）

いずれのタイプの物件においても賃料上昇基調にある。

賃貸住宅の賃料は、入居者からの価格に対する圧力があまり強くないこともあり、高額賃料の物件を除いてデフレ期でも賃料が大きく下がることは少ない。また地方都市の郊外にある物件で、空室が長く続いているような物件を除けば、入居者が順調にいれば賃料が大きく下がることはない。

一方、好景気の局面でも、その反応は遅い。たいていの賃貸住宅の契約は2年ごとの更新で、当然その間は賃料に上下はない。さらに、更新時に一気に賃料を上げると、「それなら、別の物件に引越ししようか」と入居者は別の選択肢を探し始めることが比較的簡単にできるため、オーナーサイドも簡単に賃料アップが打ち出しにくい。

オフィスビルに比べて引越しも手軽で、代替物件も多く存在する。このようなことから、上昇局面に入っても、急激に上昇することはなく、ジワジワという感じで上がっていくのだ。

しかし、総務省の物価統計の項目としても定点観測されているように、他の項目に比べて遅いながらも、インフレ・デフレ等の景気の影響を受けることに間違いない。

次節では、このことを考えてみたい。

②　インフレ・デフレと住宅賃料の関係

　ここで、インフレ（デフレ）と住宅賃料の関係について、データをもとに考えてみたい。

　総務省が測定（集計）・分析し、データを公開している消費者物価指数ＣＰＩ。これは、物価の変動をウオッチするデータとして知られた指数であるが、この項目の中に「住宅賃料」は含まれている。

　図表2は、ＩＭＦが発表しているインフレ（デフレ）率と総務省が発表しているＣＰＩの家賃、それぞれの前年対比を示している。

　これら2つのデータの相関係数を単純計算すると０・７２となり、強い相関関係にある。

ただ、１９８０年代と２０００年代の状況を鑑みると、この30余年を一括りに計算するのは大雑把すぎると思う。そこで、１９８０年～１９９１年までは経済成長期で、また、率だけで見ると、１９９４年くらいまではプラス（インフレ期）であったと考えて、「インフレ期」と設定、以降１９９４年～２０１３年までをマイナス（デフレ期）と仮定して、２分割して計算し

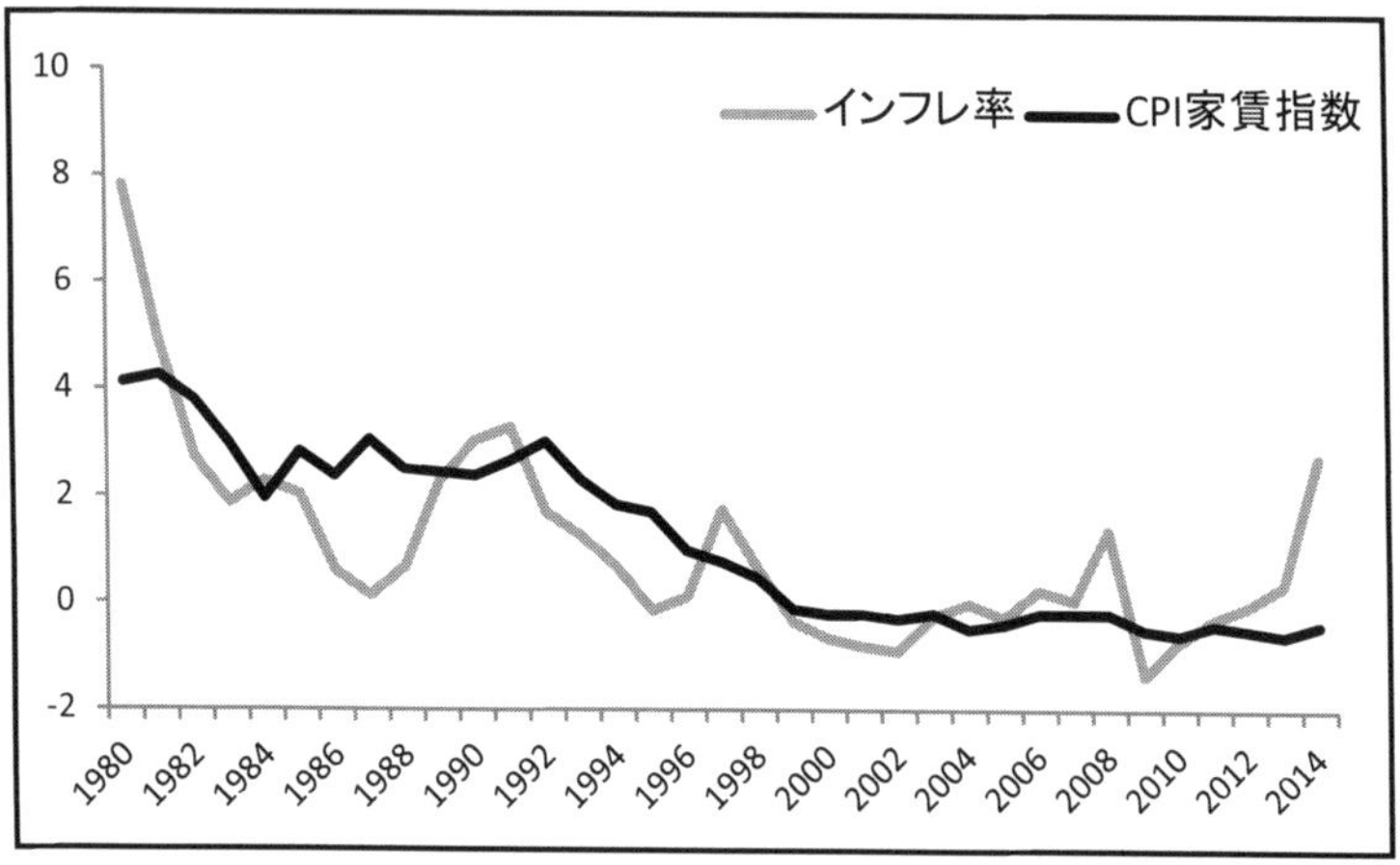

図表2 コアCPIとCPI家賃の前年同月比の推移
(総務省統計局「全国消費者物価指数」より作成)

てみると、それぞれの相関係数は、前者は0・65、後者は0・41となっている（相関係数は、1〜0・7が「強い」、0・7〜0・4が「やや強い」、0・4から0・2が「弱い」とされている）。

こうしてみるとわかるように、インフレ期には、つまり物価上昇とともに家賃が上がる傾向が強い。しかし、マイナス期（デフレ）においても、インフレ期ほどその影響を受けず、家賃は横ばいとなっていることがわかる。

今後もこの傾向は続くと思われる。つまり、インフレが進むと、ジワジワと住宅賃料はあがる（＝投資家から見ると、収入は増える）。一方、それほど大きくないデフレが続いたとしても、住宅賃料が下がる可能性は低い。

③ 住宅需要を決める世帯数の予測

人口動態と賃貸住宅需要はどのような関連性があるのだろうか。

総務省の発表データでは、２００５年ごろをピークに日本の人口はわずかずつ減り始めているということらしい。国勢調査の最新である２０１３年のデータを見てみると、近年減少というよりも、伸びが止まりほぼ横ばい状態であることがわかる。

しかし、国の研究機関である国立社会保障め人口問題研究所の将来予測によると、約20年後の２０３５年の日本の人口は今よりも、かなり減り、１億１０００万人程度になるようだ。

こうした予測から、賃貸住宅の需要は今後減るのではないか、と懸念する人も多い。図表３を見るとわかるように、都市部においては、人口はあまり減らない。四大都市の中では、首都圏はほとんど減らず（東京都／２０１５年対比マイナス１・５％）、関西エリアと福岡がやや減るという程度だ（大阪府／マイナス８・５％、福岡県／マイナス７％）。一方で、地方都市では２０３５年の人口が２０１５年対比マイナス30％を超える地域もある。

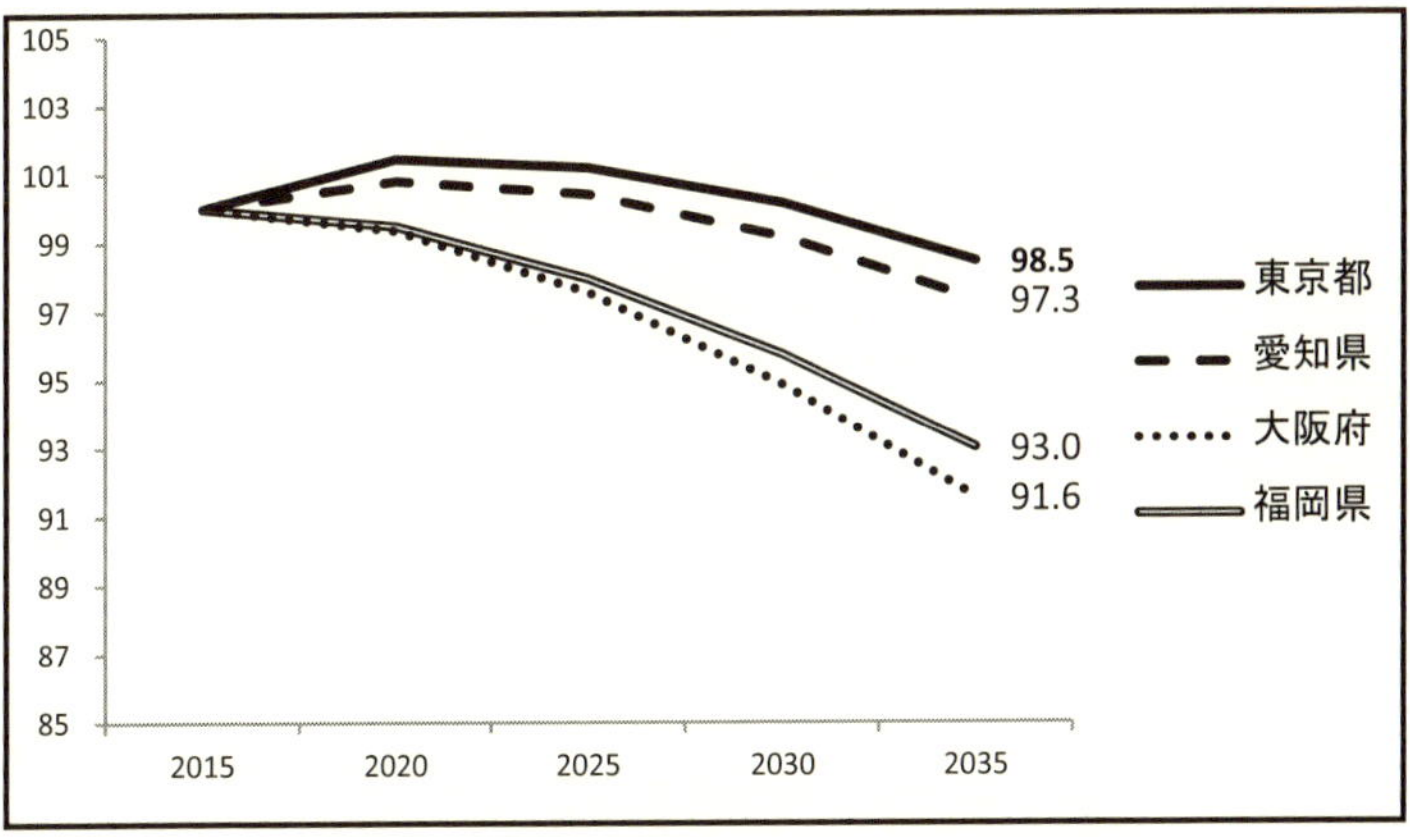

図表３　将来人口数予測　(2015年＝100)
(国立社会保障・人口問題研究所の資料より作成)

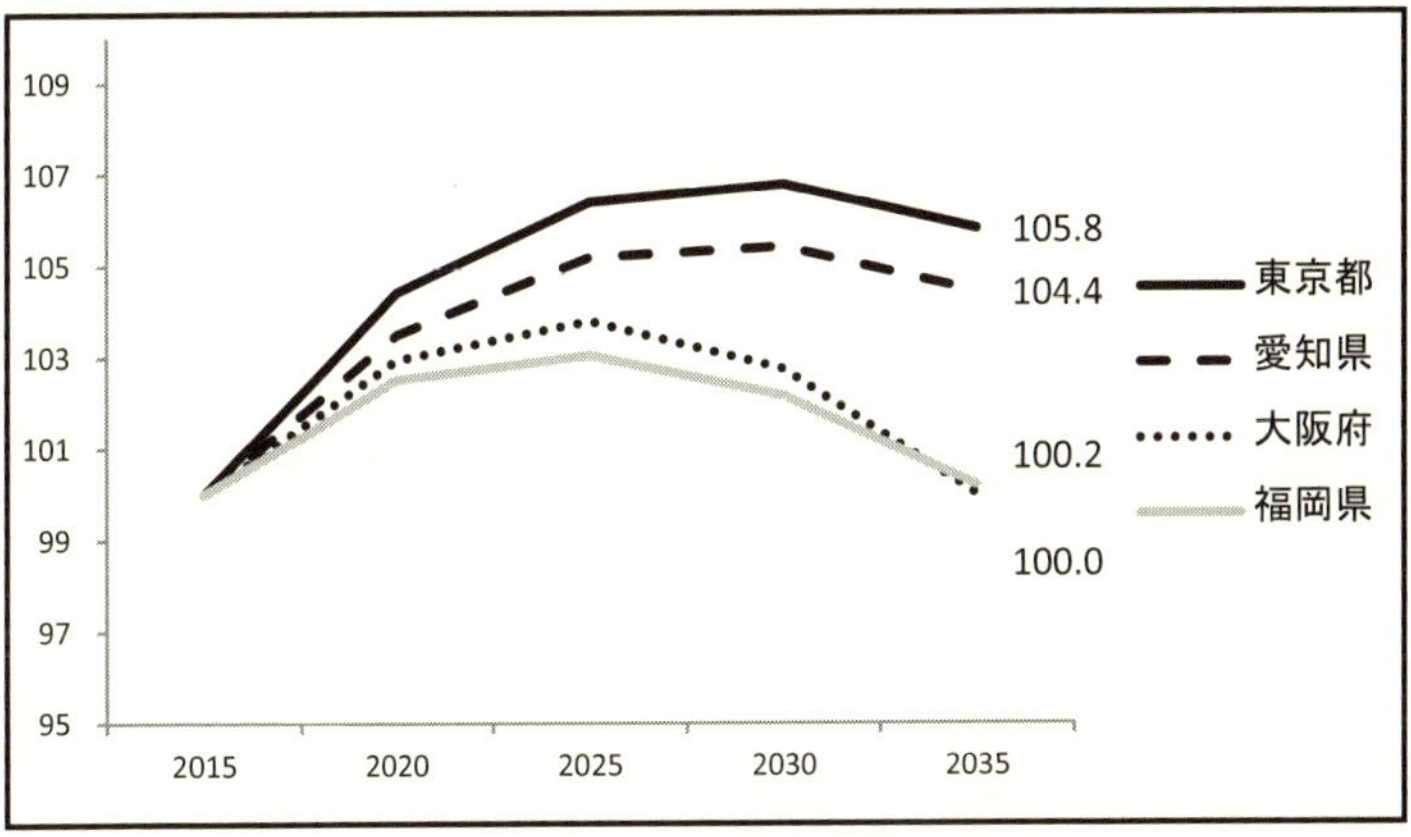

図表４　将来世帯数予測　(2015年＝100)
(国立社会保障・人口問題研究所の資料より作成)

しかし、住宅需要のことを論じる際には、人口そのものよりも世帯数を意識した方が、現実的であり、より正確な判断をすることができる。二世帯住宅などを除いて、一般的には一世帯に対し一つの住居が必要だからだ。

図表4を見るとわかるように、大都市においては、世帯数は向こう20数年大きく減らない。東京都や愛知県では2035年の世帯数は、2015年対比で5%程度増える見通しだ。地方主要都市においても、2035年の世帯数はこれから減ったとしても2015年対比マイナス10%未満の県が多い。

人口減少によって賃貸住宅の需要が減るとは限らない

地方においては、人口も世帯も減っていくことは確実だ。だから、地方都市での賃貸住宅経営はこれから厳しくなるのではないか、という声も聞かれる。

人口が減っていくわけだから、住宅はもう必要じゃないのではないかということだ。もちろん、住宅そのものの需要（必要総数）は減っていくことは間違いない。しかしながらそれが、イコール賃貸住宅の需要が減るとは限らない。ここは重要なところだ。

ポイントは、①単身世帯、ひとり親世帯の増加、②持ち家志向の低下、③地方都市の中心部集中化（コンパクトシティ等を含む）の三つだ。次節以降で詳しく述べていく。

④ 賃貸住宅需要を占う二つの予測

前述のとおり、これから２０３５年に向けて日本の人口は、地方都市を中心に大きく減少していく。大阪を中心とした関西や、福岡などでも、10％近く減少する。

一方、世帯数は、２０３５年に向けて、２０１５年対比で東京・愛知など増える都道府県もある。一部のエリアを除いて、概ね対比マイナス10％以内といった状況だ。

こういった将来予測をみると、「住宅需要の減少」は避けられないなと思える。しかし、「住宅需要」と「賃貸住宅需要」では、若干異なるのではないかと思える。

賃貸住宅は、大ざっぱにコンパクトタイプ（主にワンルーム）、ディンクスタイプ、ファミリータイプという形で、広さ（部屋数）によって分けられる。総数では、コンパクトタイプが多いが、それぞれある程度の数がある。タイプはこのように分けられるが、賃貸住宅の１つの住戸（住宅）を利用している人数は、圧倒的に１人もしくは２人が多いと予想される。

つまり、賃貸住宅の需要の多くを支えるのは、単独世帯もしくは、２人暮らし世帯なのだ。

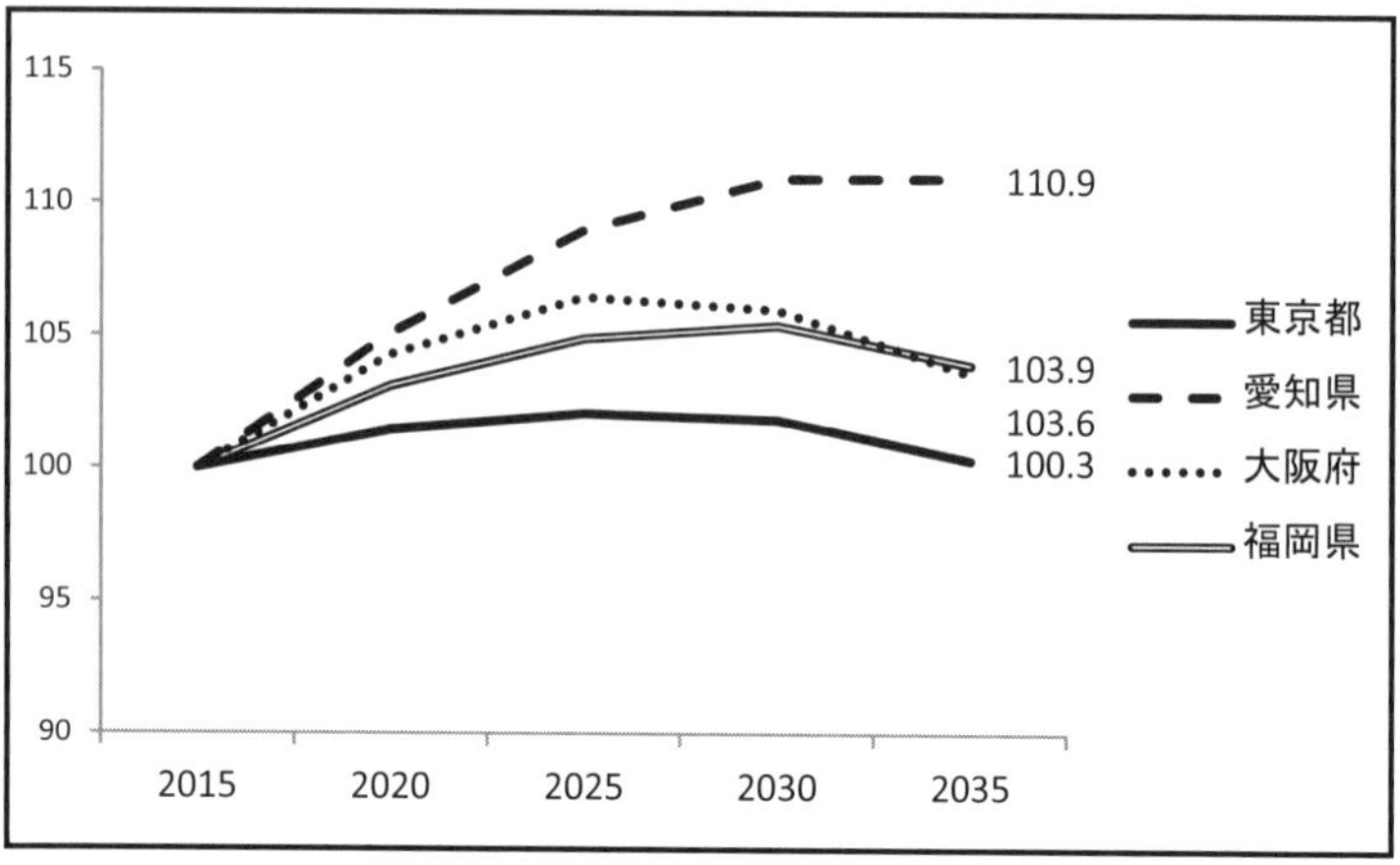

図表5　将来世帯予測（単独世帯）（2015年＝100）
（国立社会保障・人口問題研究所の資料より作成）

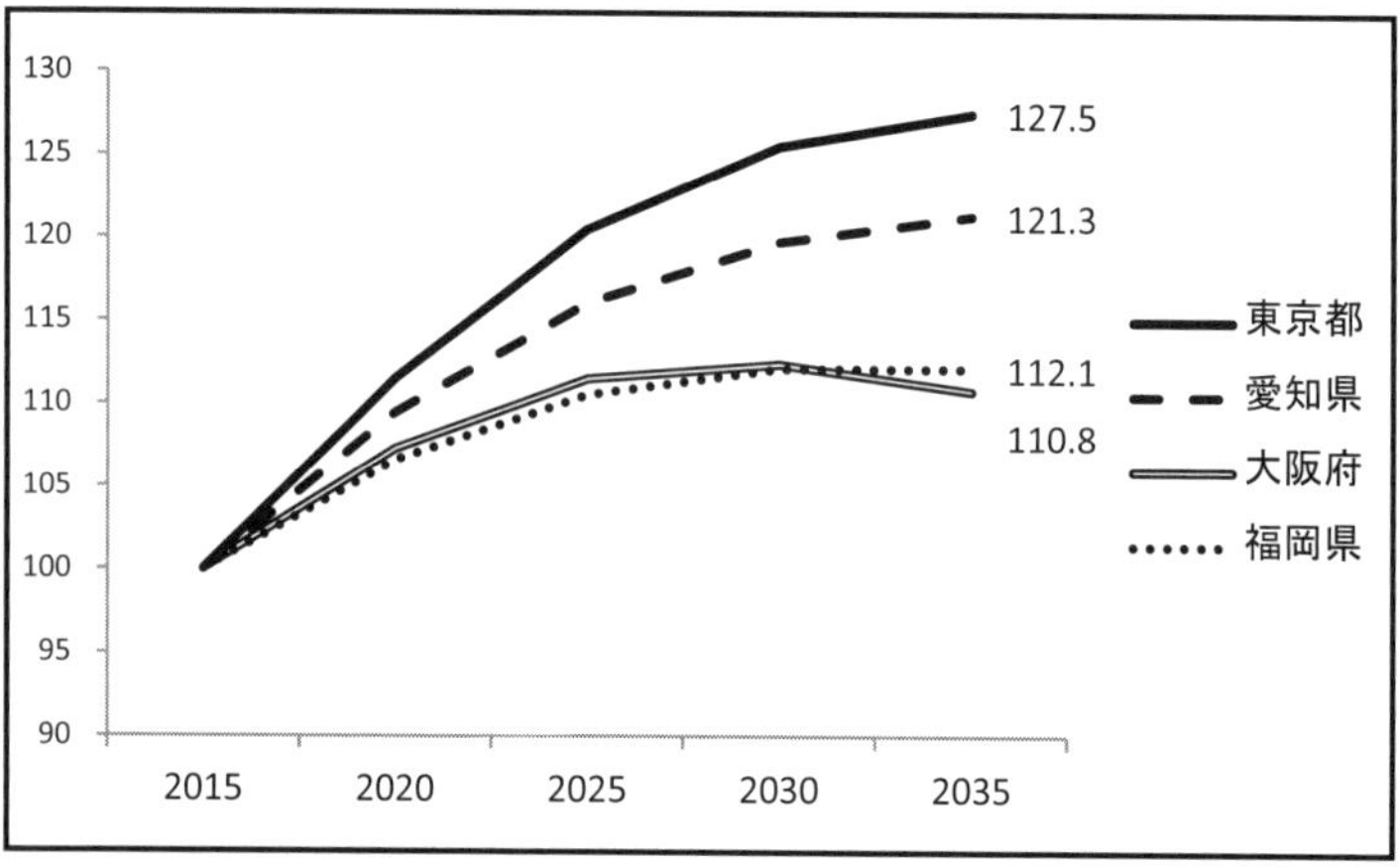

図表6　将来世帯予測（ひとり親と子の世帯）（2015年＝100）
（国立社会保障・人口問題研究所の資料より作成）

図表5は、国立社会保障・人口問題研究所による、2035年の単独世帯（一人暮らしの人）の数を予測したデータだ。

単独世帯数は日本のほとんど全県で大きく増加する。例えば人口が30％以上、世帯数が15％以上減少する北東北の各県などにおいても増加する（正確には、いったん増えて、その後ゆるやかに減る）。

その理由はさまざまあるが、少子高齢化の流れは、単身世帯を確実に増やす。高齢の夫婦の世帯で夫婦のどちらかが亡くなり、配偶者が単身者世帯になるというケースは高齢化社会が進めばますます増加するだろう。

一方、晩婚化や離婚件数の増加も世帯数を増やす大きな要因だ。この先、生涯独身の人が増えると予想されているが、そうすれば単身世帯もさらに増えるだろう。

こうした、単独世帯の方々の多くは賃貸住宅に住むことが多い。高齢者の方は老人対象の賃貸住宅に、現役世代の単独世帯の方々は一般賃貸住宅に住むことになっていくだろう。

さらに、別の注目すべきデータがある。

親ひとりと子供からなる世帯の今後の予測だ（図表6）。この世帯の多くは、残念ながら離婚に至ったケースだろう。現在の日本では、離婚件数が増加している。2014年における離婚件数は22万２１０７件、２０１３年度の結婚件数を離婚件数で割った「離婚率」は35・０％にまで上昇しており、三組に一組が離婚していることになる（総務省発表、平成26年人口動態統計（確定数）の概況より）。

グラフを見れば、親ひとりと子供からなる世帯の増加は一目瞭然だ。親ひとりと子どもからなる世帯の多くは、賃貸住宅で暮らすことが想像できる。

こうしたデータを丹念に見ていくと、人口減で「住宅需要が減る」ということイコール「賃貸需要が減る」ということではないことがわかる。これは大都市だけのことではなく、地方都市でもいえることだ。

⑤ 止まらない持ち家志向の減少と伸びる賃貸住宅趣向者

データで見てきたように、世帯数はそれほど減らず、単身世帯等が増える今後の状況を考えれば、この先の賃貸住宅需要は底堅いと言えるだろう。

しかし一方では、空き家が大きな社会問題となっており、「家が余っているのではないか」との声も聞こえてくる。

この状況は、どのように判断すればいいのだろうか。

確かに空き家数は増えているが、その事実は、「賃貸住宅需要の先細り」ということではないというのが結論だ。

賃貸住宅需要がこの先もそれほど大きく先細らず、手堅い状況にあるということは、いくつかのデータが示しているが、ここでは、「持ち家比率」という視点から見てみよう。

持ち家比率がどの年代でも低下している。とくに、住宅一次取得のメイン層である30代・40

代の持ち家比率はここ25年で大きく低下している。

図表7を見ると、30代の持ち家比率は、1988年には約50%であったのが、2013年には、35%余になっている。また、40代においては、1988年には約70%だったのが、2013年には60%を割り込んでいる。一方、50代以上になると80%近くの方が、自身で所有する住宅(持ち家)に住んでおり、比率の低下も30代、40代ほどではない。しかしこれからは大きく減りそうだ。

これまでの考え方では、若い頃は収入も少なく貯金も少ないので、賃貸住宅に住む。そして、高齢になり年金が主な収入となった時には支払いが苦しくなることが予想されるので、それまでには持ち家を購入しておきたいという心理が働いていた。仕事も終身雇用があたりまえで、定年になると一定額の退職金が手に入るため、さほどローンの心配をすることなく、マイホームを購入することができた。

しかし、終身雇用制度が実質的には崩壊し、労働の形態も、ライフスタイルも実に多様化している中、その時々で判断し決めるというライフスタイルを実践する人たちが増えている傾向もある。30代、40代になったら持ち家という志向が徐々に崩れてきている。国の支援もかつてはそうした傾向を後押ししていた。

1960年代から急速に経済成長した日本においては、都市部における住宅不足が大きな社

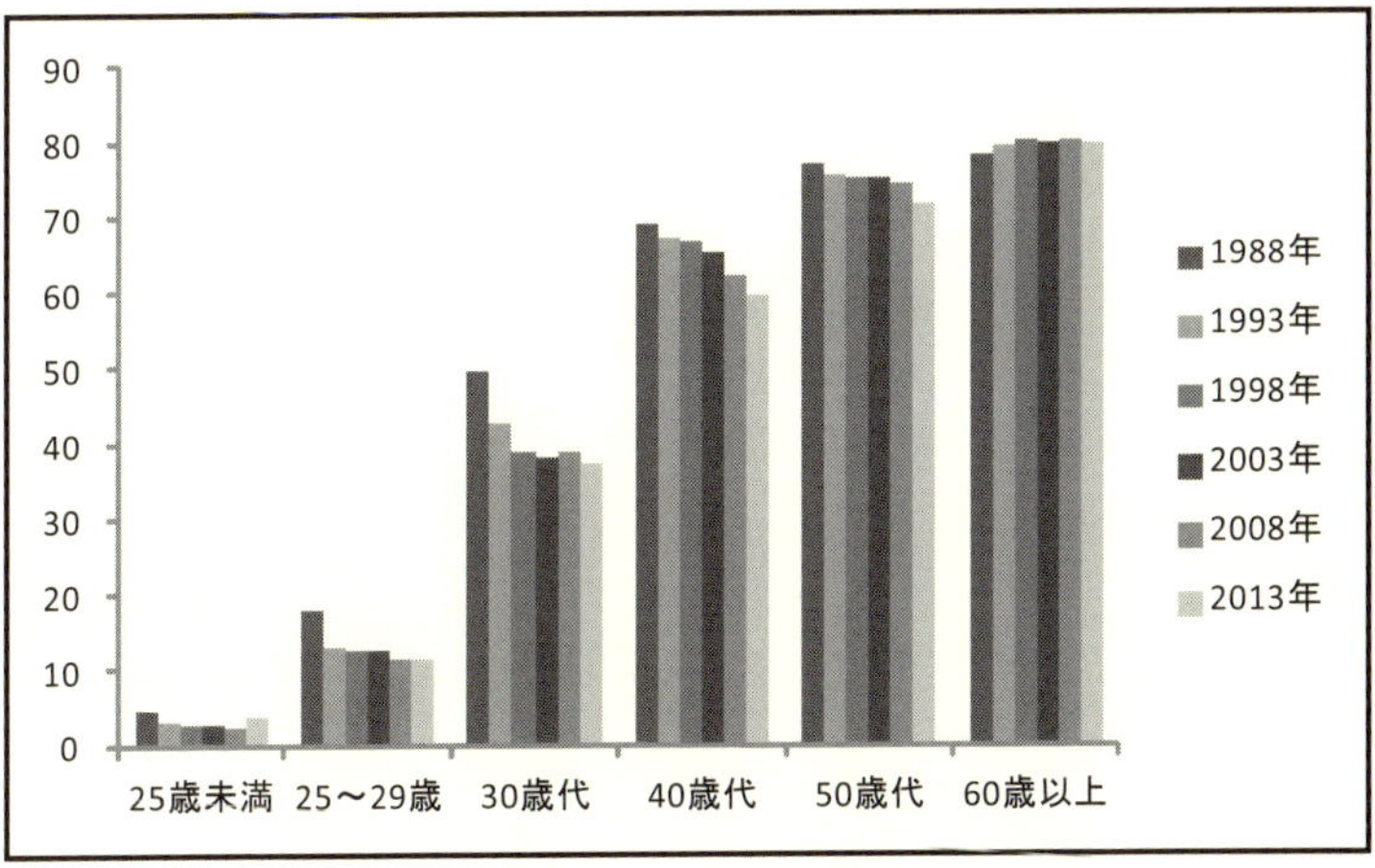

図表7　年代別持ち家世帯率の推移（単位：％）
（総務省統計局「住宅・土地統計調査」より作成）

会問題となっていた。それを解消するために、政府や行政機関は低所得者層に対して、公営の賃貸住宅を収入に応じた安価な賃料で提供することで、サポートしてきた。

一方、一定以上の収入がある層に対しては、賃貸住宅に関するサポートよりも、住宅ローン減税など税の減免を材料に、住宅購入（持ち家）促進を促してきた。

持ち家比率を都道府県別で見てみる（図表8）。持ち家比率が高いほど色が濃くなっており、白が一番低い県群だ。

持ち家比率の高い都道府県は、富山・秋田・山形・福井・新潟と日本海側の都市がずらりと並んでいる。富山の持ち家比率の高さは有名で、永年首位の座を明け渡していない。ちなみに持ち家比率が高いからか、温水洗浄便座の設置率も永年日本一だ。

逆に持ち家比率が低いのは、東京・大阪・福岡といった人口流入が多い大都市。北海道は昔から低いが、札幌市への北海道各地からの人口流入が起こり、札幌が「東京化」するという状況になりつつあり、賃貸住宅居住者が増えている。そして同じように、那覇周辺に県内からの人口流入が続いている沖縄県が上位に入っている。

こうした持ち家比率が低いエリアは、これからも安定的に賃貸住宅需要が見込めるだろう。

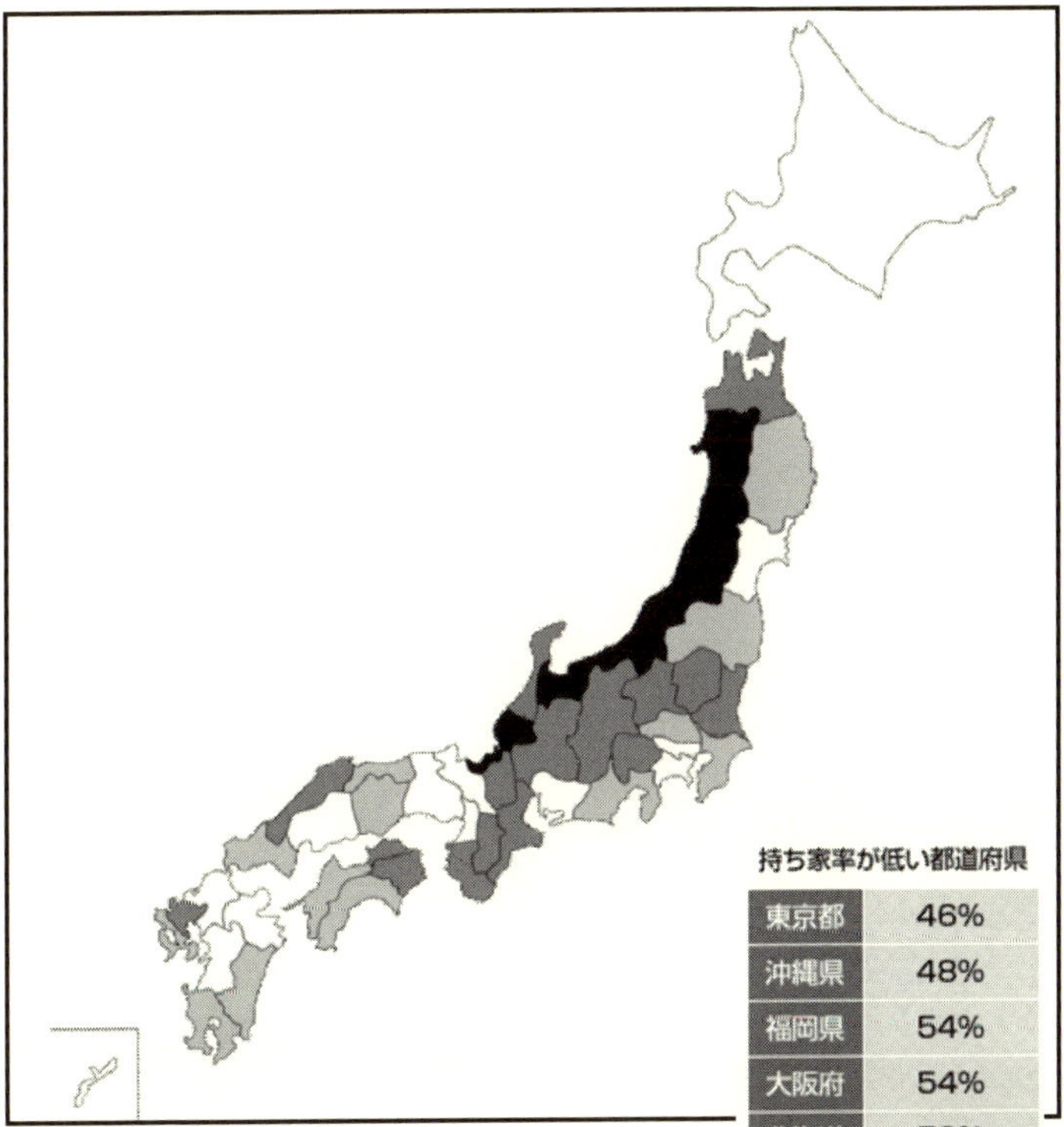

持ち家率が低い都道府県

東京都	46%
沖縄県	48%
福岡県	54%
大阪府	54%
北海道	58%

持ち家率が高い都道府県

富山県	79%
秋田県	78%
山形県	77%
福井県	77%
新潟県	76%

図表8　都道府県別　持ち家比率
(総務省統計局「住宅・土地統計調査」)

ここまでは、ここ25年の持ち家比率の変化の実態を見てきた。データを通して実態は見えたが、「住宅に関する考え方」はどうなのだろうか？

図表9・10は、「住宅の所有に関する意識の変化」の直近約20年間の推移を示したものである。

永年、80％超の方が「土地・建物の両方を所有したい」と答えていたが、近年は減りつつあり、80％を切るようになってきた。一方で、近年増えているのは、「賃貸住宅で構わない」という方々だ。

最新データ（平成25年分）の数字を世代別でみると、図表10のグラフのようになる。

これを見ると、20代〜40代の「賃貸住宅で構わない」の多さが目立っている。持ち家ではなく、賃貸住宅にずっと住むという選択肢を考えている方々が増えていることがうかがえる。

この理由は何だろうか。

第一に、「景気が安定せず、給与の増が見込めず、非正規雇用が増えている」という状況がバブル崩壊以降、長く続いた。その頃社会に出た、30代・40代の方々は、近年景気回復傾向にあるとはいえ、大きな住宅ローンを抱えることに、不安があるということだろう。

安定した雇用と給与の面において、大きな不安を抱えたままでは、数十年単位の住宅ローン

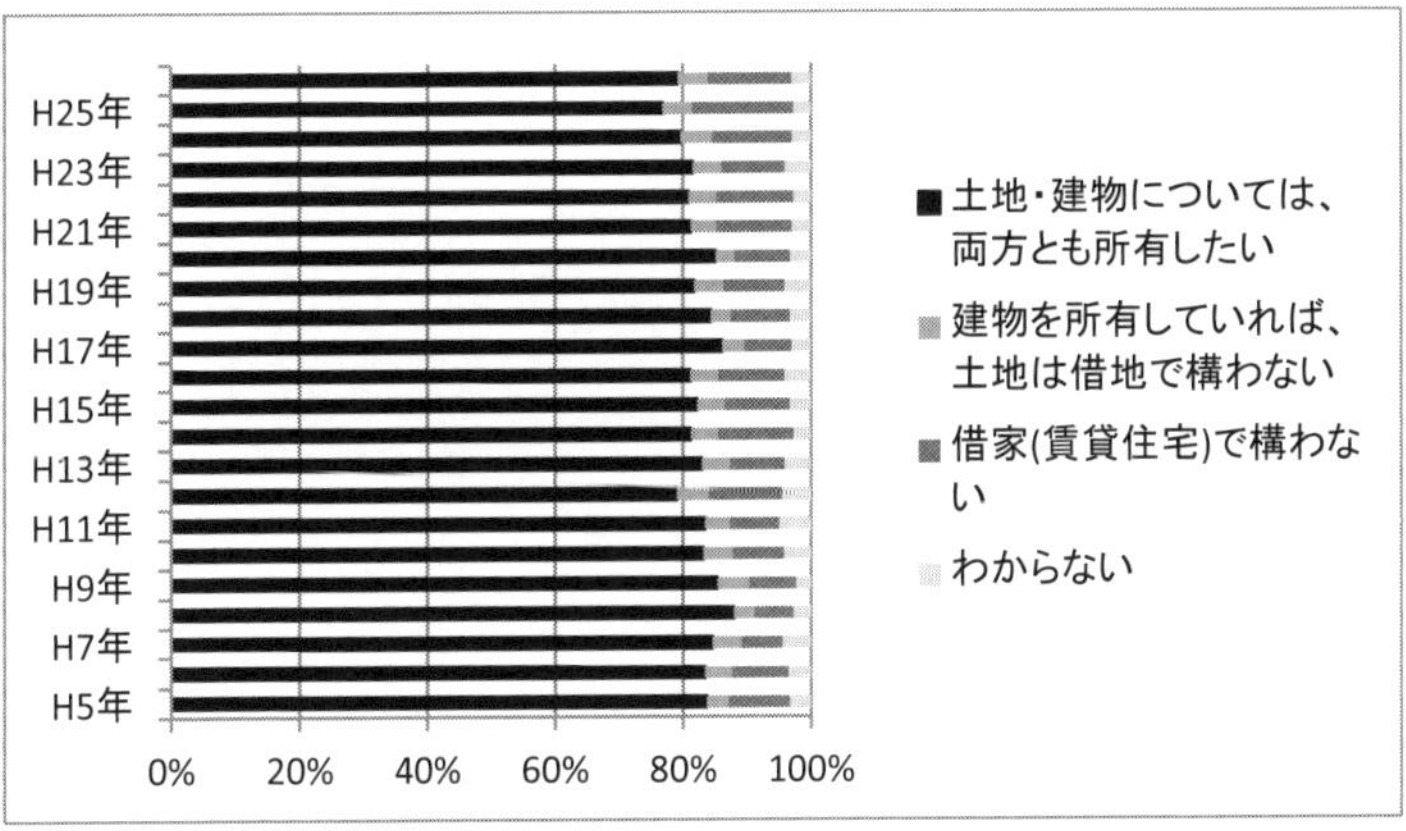

図表９　住宅の所有に関する意識の変化
（国土交通省「土地問題に関する国民の意識調査」より作成）

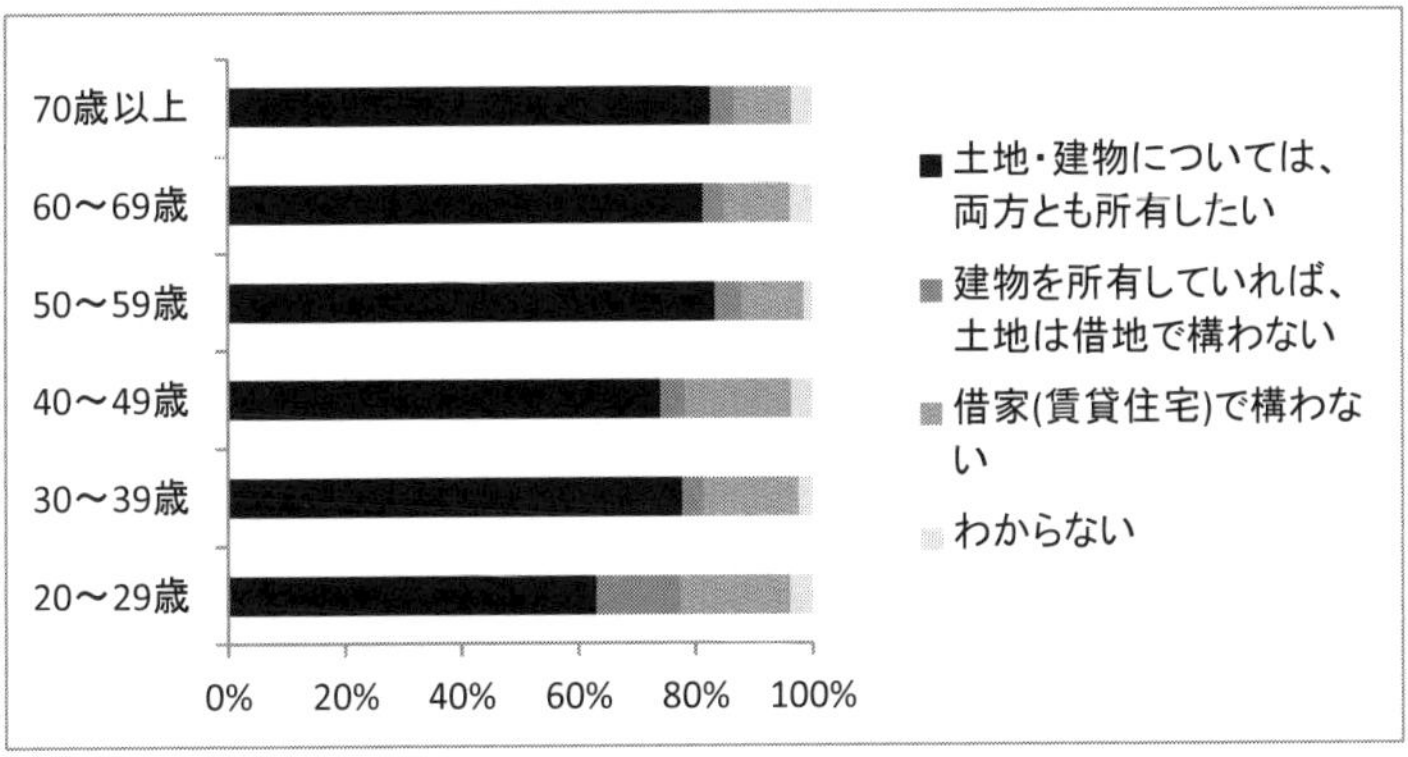

図表10　世代別　住宅の所有に関する意識（平成25年）
（国土交通省「土地問題に関する国民の意識調査」より作成）

が重い負担に感じるのも無理はないだろう。

次に、コミュニティ形成の難しさが考えられる。ライフスタイルや考え方など、多様化が進む日本社会では、近隣世帯との結びつきが希薄になっている。さらに、近くに住む人との関係が上手くいかなければ、人間関係においてつらい思いで毎日を送らなければならない。引越ししようにも、多額の住宅ローンをかかえているので、簡単にそうはいかない。そんな煩わしさがあるならば、気軽に引越しができる「賃貸住宅がいい」と考える人も多くいることだろう。

このような意識の変化が、持ち家志向を引くし、そして「賃貸派」と呼ばれる、ずっと賃貸住宅に住もうと考えている方を増やす要因となっている。

賃貸需要の拡大は、こうした20代～40代に目立つ、「持ち家志向の低下」も影響しているのだ。

⑥ 今後20年の人口動態

日本の人口は２００５〜２００６年ごろをピークに増加が止まり、現在は横ばいか微減状態となっている。

一方で、持ち家志向の低下、単独世帯数の増加など、賃貸住宅需要の底堅さを物語るようなデータもある。今後の日本の人口動態は、賃貸住宅経営をされる方はもちろん、多くの国民の関心事だろう。

全体の人口が横ばい、もしくは微減を続けるなか、国内の県と県との間、都市と都市（地方市町村も含む）の間において、人口の移動が進んでいる。

地方から都市部へは相変わらず、人口移動が続いている。人口流入が多い三大都市圏（首都圏・中京圏・関西圏）における人口はますます増加していくだろう。

逆に、北東北、山陰、四国、南九州などは人口流出が多く、人口は減少している。

こうした人口移動は、県と県の間だけではなく、エリア内でも県内でも人口の移動が起こっている（図表11）。

例えば、北海道では全体の人口は減りながら（県外流出過多）、その一方で道内最大都市の札幌市の人口は増えている。道内から札幌への流入が多いのだ。日本全体における東京状態が北海道内での札幌市というわけだ。

ほかにも、単一都道府県ではないが、九州全体で見ると、各地から福岡市への流入が増えている。これは、福岡市の「リトルトーキョー化」と呼んでいい状態だ。

つまり、全体的に見ると、大都市圏への人口流入の傾向は変わらず、現在（２０１５年）、日本の人口の１／２超が三大都市圏に住んでいるが、この傾向はさらに加速するだろう。

また、逆の観点から見れば、先に述べた人口流出県における人口減少も止まらないと予想されている（国立社会保障・人口問題研究所による）。

この日本全体の傾向は、県単位での小さなエリアでも同様のことが起きる。

人口減少が続く県であっても、県内主要都市には、県郊外エリアからの移動が起こるだろう。

さらに、多くの都道府県・市町村が力を入れている政策である「コンパクトシティ構想」もこの中心都市への移動に拍車をかけるだろう。

コンパクトシティとは、政府が地方都市などで推進する政策で、「都市の中心部に行政、商

	県庁所在地	転入者数	人　口	人口に占める転入者の割合
1	福岡市	104,954	1,519,349	6.93%
2	東京23区	586,546	9,143,041	6.42%
3	札幌市	119,304	1,942,643	6.14%
4	仙台市	65,093	1,073,242	6.07%
5	大阪市	151,239	2,686,246	5.63%
6	名古屋市	126,909	2,276,590	5.57%
7	さいたま市	68,131	1,251,549	5.44%
8	熊本市	40,035	740,204	5.41%
9	横浜市	182,084	3,710,008	4.91%
10	広島市	58,030	1,185,656	4.89%
11	千葉市	46,122	965,679	7.48%
12	那覇市	15,310	320,719	4.77%
13	京都市	68,603	1,469,253	4.67%
14	岡山市	32,131	714,583	4.50%
15	神戸市	65,481	1,537,864	4.26%

※2014年10月1日現在

図表11　転入者の比率が高い都市

（総務省統計局「平成26年住民基本台帳人口移動報告」より作成。上位15都市まで）

業、住宅など様々な都市機能を集中させる」ことだが、現在の地方都市の中には、まだまだ効果的な都市機能を持った街づくりができているところは多くない。

コンパクトシティ化によって、都市自体の機能が大きく変わり、住民にとって本当に住みやすく暮らしやすい都市が実現すれば、また、新たな人口移動が起きるだろう。

このように人口の移動に拍車がかかると、一時的な住宅としての賃貸住宅需要は伸びると予測できる。

つまり、このような状況があてはまる都市においては、たとえ人口が減少しているとしても、その都道府県内の中心的な都市では賃貸住宅需要は維持すると考えてもいいだろう。

第4章

❖

これだけは知っておきたい
土地活用の基本

① 投資の基本的な考え方

勤労に対する考え方が真摯な日本においては、「投資」というと、「ひとにぎりのお金持ちが、ラクして儲ける」という概念が定着していた。私が通っていた小学校にも二宮金次郎の像があり、「汗水たらして働き、勉強せよ」と語りかけていた（ように、思えた）。

バブルが崩壊し、証券会社・金融機関などが破綻しはじめ、国は国民の資産を守ってくれないという思考が広まった。２００５年４月にはペイオフが解禁となり（特例措置がなくなり）、１０００万円を超える預金は守られなくなった。年金制度の先行きが怪しくなり、老後の資金の不安を多くの国民が抱いている。「老後は国が守ってくれる」から「老後の暮らしは自己責任」となってしまった。

また、２０００年ごろにベストセラーになったロバート・キヨサキ著『金持ち父さん・貧乏父さん』では、高学歴で勤勉に働く実の父さんよりも、高卒の実業家で不動産投資を手広く行う父さん（ビジネスの師匠）の方がお金持ちであると描かれており、そこでは投資や出資により資産を増やし、その資産が生み出すキャッシュフローにより豊かな生活が送れることが書かれてある。

「しっかり勉強して、大企業で汗水たらして働いて」も、それほどお金持ちになれないと、二宮金次郎理論が打ち砕かれたのだ。こうした風潮の中で、株式投資や不動産投資あるいは土地活用という「資産が生み出すお金」に注目が集まっていく。

投資には、何かを購入してその値上がりを期待する＝キャピタルゲインと、資産が生み出す＝インカムゲインという２つのもうけ方がある。

株式を購入し、その株価が値上がりして、売却すれば、その差が利益（キャピタルゲイン）となる。また、株式を保有すれば、年に一、二回の配当が１株当たり○○円という形で貰える（インカムゲイン）。あるいは、株主優待も広い意味ではインカムゲインと言える。

不動産投資においては、例えばマンションを買って、そのマンションが買値よりも高く売れれば、「キャピタルゲインを得た」となる。現在の日本においては、東京都心や大阪の一部でしか見られないが、アジアの後進国では今でもキャピタルゲインをねらえる可能性がある。また、賃貸用住宅、あるいは賃貸用のワンルームマンションを所有して、その入居者から得られる賃料はインカムゲインとなる。

株式でも不動産投資でも、その価格上昇・下落（つまりキャピタルゲインorロス）に注目する投資家が多いが、今の日本においては、株式市場は先行き不安定であるし、不動産もよほどのことがない限り価格が大幅上昇することはないだろう（例えば、将来新幹線の駅ができることを事前に察知して、その周辺の土地を買い漁るなどすれば、別だが）。

今の日本の不動産投資においては、インカムゲインを狙うのが一般的だ。

このキャピタルゲインもインカムゲインも共に、ゲイン（＝利得）であるが、お金を使って（あるいは借りて）投資したモノからの利得は、リターン（収益）と呼ぶ。

投資の大原則　リスクがあるからリターンがある

投資において、「リスクのないものに、リターンはない」というのは、大前提の原則だ。だから、元本保証などとうたう商品は詐欺と言える。リスクフリーと言われる国債も、その国の破綻が起これば、予定されたお金は返ってこない。

代表的な投資についてのリスクとリターンの関係を図で示すと、図表1のようになる。ここでは、縦軸にリターン、横軸にリスクを表している。

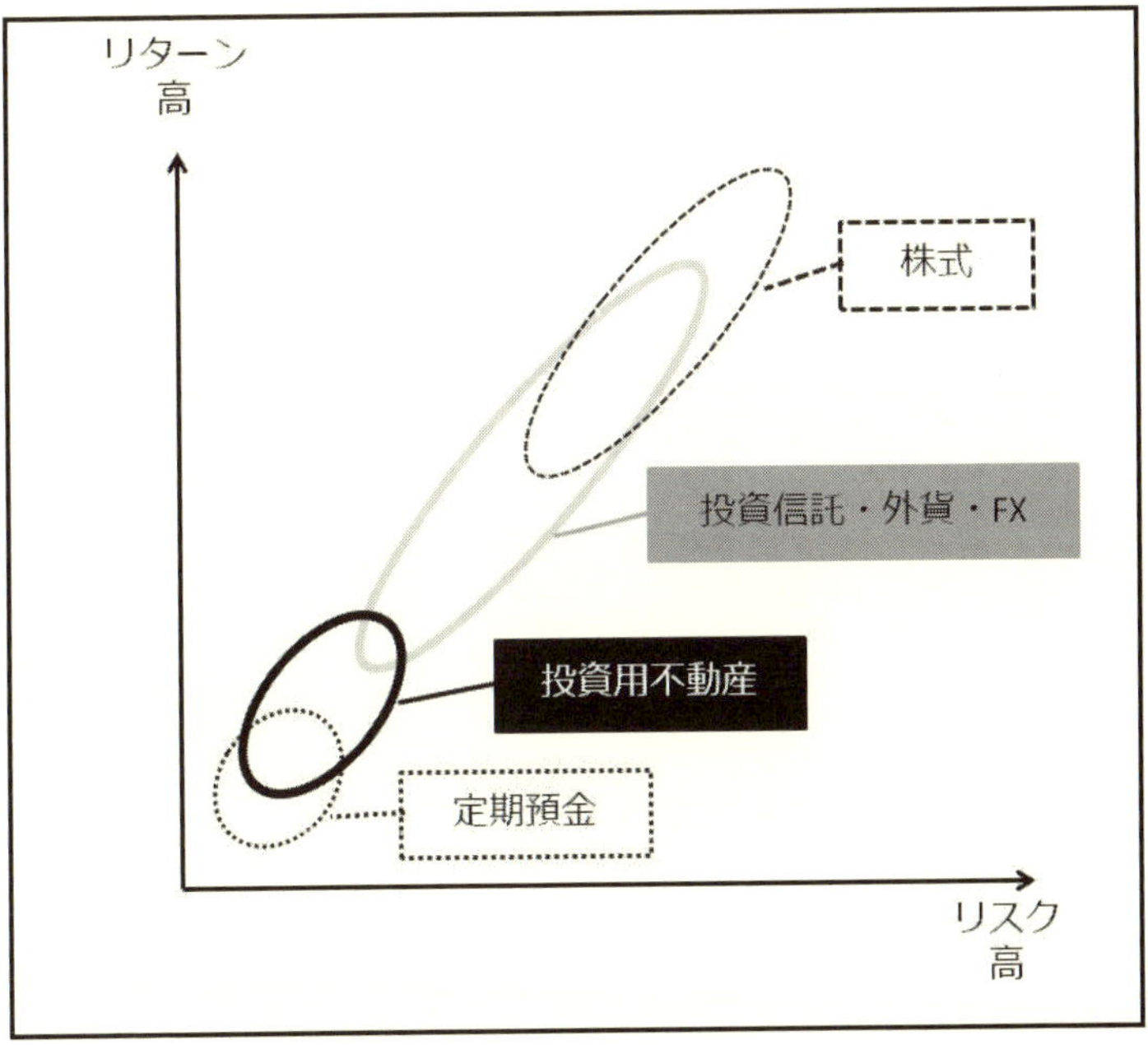

図表1 リスクとリターンの関係イメージ

リスクが増えれば、当然その分のリターンを投資家は求めるようになる。正比例の関係だ。この図では、国債は「低リスク―低リターン」となっているが、これは主要先進国の国債であり、政治経済的に不安定な国の国債は「ハイリスク・ハイリターン」かもしれない。

投資の概念で、「リスク」とは「危険である、損をする」という概念ではなく、「バラつきがある・確定しない」という概念で、日常会話的に言うと、「先がよめない」という感じだろうか。つまり、損することがわかっていると、誰も自分のお金を賭けて投資を行わない。一方、保険は、金をもらって、リスク（万が一の確定しない出来事）を買い取る（請け負う）商品と言える。

不動産投資はここでは、「中リスク・中リターン」となっているが、もちろんこれも物件により大きく異なることは言うまでもない。都心の超一等地の商業施設やオフィスビル、賃貸マンションなどは、投資安定感があるので「ローリスク・ローリターン」だ。一方、アジア後進国での不動産投資などは、「ハイリスク・ハイリターン」だろう。

数年前、「アジアのある島で新たに空港建設が囁かれているという情報があり、その周辺一帯の土地を買おうとしている。一口のらないか？」という話を聞いて、現地を見に行ったが、まさに電気も水道もない原野で、この土地が何十年後には、「十倍・百倍に化けるのだろうな」とも思ったが、空港建設予定地は正式には決まっておらず、あくまでも「あのエリア」という予想だけで、リスクは極めて高い、「超ハイリスク・超ハイリターン」の投資例だった。

こうした不動産投資は、富裕層が優雅に、そしてハイリターンを求める投資で、私はそんな資金もないので辞退した。

② 土地活用における利回りの考え方と投資判断基準

投資の判断基準と言えば、「利回り」と「値上がり期待」が基本になる。最近では、ベンチャー企業を応援するものや、環境に優しい企業に投資する商品もあり、この投資などは、「利回り・値上がり」よりも、育てたいという「志」的なモノが判断基準となる場合もある。しかし、投資一般で言えば、「値上がり期待や利回り予測に基づいて投資する」のが一般的だ。

「値上がり期待の利益」は、時期を見計らって買ったときよりも高く売り、その差額が確定利益となる。つまり、資産そのものの価値がどうなるか、にフォーカスするということだ。

一方、「利回り」は投資商品（株式・不動産など）が生み出すお金（収益）にフォーカスする。株式においては配当がこれにあたり、賃貸住宅などへの不動産投資においては、賃料（家賃）がこれにあたる。

利回りは、資産が生み出す年間の金額÷投資（購入）金額で計算される。株式における配当利回りは一口あたりの配当金額×株数であるから、それを購入金額で割れば、配当利回りが出てくる。この原稿を執筆している２０１５年の秋ごろの日本企業の株式の配当は、１％台〜３％台くらいが一般的だ。

株式投資においては、値上がり期待を目論んで投資する方も多いが、最近では上場株式と同じように売買できる投資信託であるＪＲＥＩＴやＥＴＦが一般に広まり、こちらでは配当狙いの一般投資家も多いようだ。

賃貸住宅経営の採算性を判断する指標は、不動産（賃貸住宅など）の購入に要した費用（所有している土地に賃貸住宅を建てる場合、建築に要した費用）と、そこから得られる賃料収入との関係で表され、主に次のように「表面利回り」と「実質利回り」の二つの利回り指標がある。

表面利回りとは、単純に賃料を投資した額で割ったもので、賃料を12倍（12カ月分）し、購入金額（投資金額）で割るという計算式で算出する。所有している土地に賃貸住宅を建築する場合（土地活用としての賃貸住宅経営）、土地価格は周辺の取引事例、あるいは公示地価をもとに想定額で建築費用に加算する。建物価格は、賃貸住宅を建てた際の費用ということになる。

★表面利回り（％）

年間の総収入÷総投資額×100

★実質利回り（％）

（年間の総収入－経費）÷総投資額×100

（＝ Net Operating Income = NOI）

図表2　表面利回りと実質利回り

しかしこの場合、単純に賃料を12倍（12か月）しているので、この式は一年間を通じて満室想定ということになる。年間平均約５％程度の空室が見込まれる場合は（２年ごとに１か月の空室想定がこれにあたる）、賃料×12か月の数字に95％を掛けて、それを購入金額で割るという計算が必要となる。空き室率が３％のときは、97％を掛けるという同様の計算が必要となる。年数が経てば、当然空室可能性や賃料下落可能性が高まるから、注意が必要だ。

次に、実質利回りだが、不動産投資ではNet Operating Incomeと表現される数字がある。これらの頭文字をとってＮＯＩと呼ぶが、賃料収入から必要な経費を引いたもの、それがＮＯＩだ。このＮＯＩを投資金額（購入金額）で割ったものが実質利回りだ。一般的には、実質利回りが収益力を見定める基軸となっている。

総投資額は賃貸住宅そのものの建設費の他にも外構工事などの付帯工事費用はもちろん、状況次第では建設地にもとあった建物の解体費、インフラなどの整備費用、また各種税金などまで見ておかなければならない。

また、実質利回りの利回りは、経費（支出）をどこまで含めるかによって変わってくる。管理費や修繕積立費、ローン金利、保険、税金など、できる限りかかる費用を見込んでおくことで、よりシビアな収益力を判断することができる。

賃貸住宅経営における収入は、家賃（＋敷金、礼金など）が主なものだ。一棟アパートなら駐車場代も加わるかもしれない。収入においても、適切に見込まなければならない。

計画している賃貸住宅のプランが立地環境や入居者ニーズに合っていなかったり、家賃設定がエリアの相場以上に高すぎたりしては、空室が発生する確率が上がり、予定通りの収入は見込めない。こうした見込み違いは、想定していた利回りを下回る可能性につながる。

さらに、経営計画の中の収入計画を立てる際には、先に述べたように常に満室ということはないため「空室率」を読みこむことや、経年に伴う「賃料の下落」の見込みを盛り込まなければならない。

どれくらいの実質利回りを見込むべきかについては、高ければ高いほどよいのは言うまでもないが、立地やオーナーとしてのニーズ、その時々の投資環境などにより異なるが、参考値的には5％～10％程度見込めるとよいだろう（25頁のＣＡＰレート参照）。

③ 不動産投資、土地活用投資と株式投資の違い

不動産投資・土地活用投資といった実物不動産から得られる賃料を狙う投資と、株式投資の違いを考えてみよう。

まず、資産価値の観点から考えてみる。

上場している株式の資産価値（ＲＥＩＴ・ＥＴＦ含む）は、言うまでもなく相場により上がったり下がったりする。しかし、長期的に考えれば世界経済は（何十年かに一度大きなショックがあるが）、基本的にはゆっくりと右肩上がりだ。ＥＴＦにあるような、世界株式インデックスファンドなどは、超長期的に保有すれば必ずプラスがでるだろう。もちろん、投資の世界に「必ずプラス」は存在しない。しかし、世界各地の国々の株式に分散していれば、限りなくリスクは抑えられる。万が一、世界経済全体の落ち込み続くことは、大げさに言えば、現在の資本主義経済の崩壊ということになるので、それはそれで別の悲劇が待っている。このように株

式投資はプラスサム型の資産である。

逆にＦＸなどの為替相場は、誰かが得すれば誰かが損する、ゼロサム型の投資であるから、得するか損するかは、賭けに近く、バクチ的なモノと言える。

一方、建物を伴う不動産の「建物資産価値」は、基本的には年々下がるものとされている。建物が経年とともに劣化していくからだ。しかし、都心の一等地に建つマンションなどは、築30年を超えても値上がりしている物件もあるから、「年数が経てば不動産価値が下がる」はあくまで一般論だ。


不動産投資・賃貸住宅投資の株式投資と大きく異なるメリットは、「お金を借りて投資ができる」ということだ。株式投資・各種ファンド、国債などの購入においては、基本的には一般の投資家がお金を借りて購入することはできない（近年、だいぶん広がってきているが、信用買いは特定の投資家のみ）。

不動産は銀行からお金を借りて投資ができるのだ。調達金利は居住用住宅の購入の際ほど低金利ではないが、それほど大きな差ではないので、なるべく多く借りたほうが少ない元手で大きな投資ができるということになる。

借入の割合をＬＴＶ（ＬＯＡＮ　ＴＯ　ＶＡＬＵＥ）と呼ぶが、全額ローンＬＴＶ＝１００％

可能な物件を見つけて不動産投資している投資家も少なくない。

このようにお金を借りて投資できる（他人のお金で投資ができる）というメリットが不動産投資にはあるのだ。

④ なぜ土地活用が広まっているのか？

昨今、「土地活用」という言葉は、かなり一般的になってきた。簡単に言えば、所有する土地（主には使っていない土地）を有効活用して、賃料収益を得ようとすることだ。最近ますます一般化してきている背景には、2015年1月に改正された「相続税」と大きく関係がある。

相続税制度の変更において、土地活用・賃貸住宅経営に係る部分を簡単に説明しよう。

まず、基礎控除の計算方式が2015年1月以降、それまでの「5000万円＋法定相続人×1000万円」だったが、「3000万円＋法定相続人×600万円」と大きく減額された。基礎控除を上回る分に相続税がかかるので、控除の減額は、これまでよりも多くの方々が相続税を支払う対象者となる可能性をもたらす。また、相続金額2億円を超える法定相続人に対する課税が引き上げられた。

あわせて、「小規模宅地の特例」も改正された。

小規模宅地の特例とは、「被相続人または被相続人と生計を同一にしていた被相続人の親族（妻など）の事業用または居住用に使用していた土地で、要件を満たす場合は、限度面積までの部分について、評価額を50％～80％減額する事ができる」ということだが、改正により、評価の減額が行われる限度面積と適用面積の拡大が行われた。

限度面積は、それまで「２４０㎡（減額80％）」だったのが、改正後は「３３０㎡（減額80％）」に拡大適用された。

また、居住用と事業用の宅地等を選択する場合の適用面積が拡大された、それまで、特定居住用宅地等２４０㎡　特定事業用等宅地等４００㎡の内、合計４００㎡まで適用可能という限定的な適用だったのが、改正後は特定居住用宅地等が３３０㎡に拡大され、合計適用面積も最大７３０㎡となり、それぞれの限度面積まで完全に適用できるようになった（各種特例適用を受けない場合に限られるなど、適用外のこともあるので、詳細は必ず税理士にご相談を）。

このように、相続税は実質増税となったが、特例を活用することで大きく節税ができる。条件を満たせば、更地のままで相続すると、評価額を下げることなくそのままの税金がかかるが、例えば賃貸住宅などを建築して事業用に使用していた土地として相続すると、相続税評価額が減額できるということだ。

こうした背景から、収益目的の土地活用だけでなく、相続税対策としての土地活用がクローズアップされている。

⑤　土地活用の3つのパターン

しかし、この「土地活用」という言葉、「名前は聞き覚えがあるのだが、よくわからない」という土地オーナーも多いようなので、具体的な方法について紹介しよう。

まず、どんなきっかけで土地活用を行う人が多いのだろうか。

先に述べたように、資産継承（相続）の際に適切な税務対策を講じていなかったために多額の相続税が課せられることのないように、その対策として、相続を見越した土地活用を行う土地オーナーは多い。

他には、再開発や区画整理、新しい幹線道路の建設など周辺の環境が大きく変わった際に、今まで未利用の土地が収益を生む土地に変わる場合がある。そうした時に土地活用に興味を持つというのも、よく見られる例だ。このような場合は、賃貸住宅だけでなく、流通小売店舗や飲食店舗として貸し出して賃貸収入を得るパターンも有効だ。

置かれている状況はそれぞれ異なるが、周辺の環境が変わったことで土地の価値が変化し、その土地をどのようなかたちで有効利用すればいいのだろうか、どうすれば収益性が高い土地活用になるのだろうかと考えることがスタートだ。

では、具体的に、どう検討すればいいのだろうか。

まず、「有効活用する」か「そのままにしておく」「自分で使う」の検討からスタートする。土地を新たな方法で活用するか、あるいは活用しないかということについて、まず検討しなければならない。

所有する土地を活用すると決めた場合、つまり何らかのかたちで自分が使わない状態の土地を誰かに貸す場合、二つのパターンがある。一つは、自らそこに、自分のお金で（あるいは銀行等で借りて）建物を建てて、それを貸すという選択肢。

もう一つは、土地だけ貸して、借り主（主に企業や個人）がそこに建物を建てる、という選択肢の二つだ。後者の場合は、投資金額はほとんどゼロだ。

活用しないという選択肢も加えると、「そのままにしておく」「土地に建物を建てて貸す」「土地を貸して借りた人が建物を建てる」の3パターンとなる。

「自分で使う、そのままにしておく」つまり残しておくという方法にも当然いくつかのパターンがある。

一つ目は、自宅用の用地としてそれを守っていく、自分で住むというものである。これは、将来資産の継承ということにもつながる。将来、子どもの成長や資産相続を考えると、息子や娘の自宅として引き継ぐ、あるいは広い土地を所有している場合、その一部を子どもに渡す、あるいは貸すといったことが想定される。

そのために、住むために所有しておくというパターンである。

あるいは（現在農地なら）、農地として持っておくというものである。農地の場合、宅地に比べて若干ではあるが税金が安く、節税メリットもある。しかし一方で、農地として保有するためにはいろいろな手続きが必要になり、また、別のことに転用しようとすると煩雑な手続きを踏まなければならず、すぐ使いにくいような状態にあるといえる。

また、農地で残してそれを継承する場合、昨今では跡継ぎがなかなかいないという問題もある。

一方で、更地のまま所有する場合、一番大きなメリットとしては売りやすいということがあるが、最大のデメリットは税金の負担が大きいということである。

固定資産税、都市計画税が評価額そのまま適用される。

「自分で使わず、土地活用する」ということになると、他人に貸すことになるが、先ほど述べたように、これには「建物を建ててから貸すパターン」と「建物を建てずに更地として地面だけを貸すパターン」がある。

建物を建ててから貸す場合にもいくつかパターンがあり、代表格は、賃貸住宅として入居者に入ってもらうというもの。賃貸用住宅を建てて、賃料を得る。

30年、35年といった長期的な収入が見込め、賃貸住宅においては景気が多少悪くても賃料が下がることがあまりないため、安定的な収入が得やすいといえる。

自らの土地の上に建物を建てて貸すというタイプには、流通小売用店舗や医療用施設、事務所用建物などを建てて、それを企業に貸すというものもある。

賃貸住宅の場合、一般的に（一括借上げなどを除いて）個人との契約のため、借り手からの賃料交渉圧力は少ないが、企業との契約の場合は、その圧力が大きい。

また、企業との契約は、一定期間の定期契約のため、その期間内は安定収入が入ってくる。そして、状況がよければ更新が続き、長期安定収入が見込める。

一方、景気低迷期や、その企業の業績不振期に契約期間が終わると、解約されてしまう可能性が高くなる。賃貸住宅の場合は、需要が見込めるエリアに立地していると、退去後の次の入居者がすぐに（数か月以内）に付いて、空室に伴う収益減の痛みは少ない。しかし、店舗や事務所などは、次の入居者が長く見つからない可能性が少なからずあり、それに伴い収益減となれば、かなりの痛手を負うことになる。

次は、土地だけを貸す、建物は建てずに地面だけを貸すというパターンで、代表格には駐車場経営があげられる。あるいは、資材置き場や原木等を置いておくような場所として貸す。これも更地の状態なので、契約期間との調整がつけば、売却が比較的容易である。

メリットは、そのまま地面を貸すだけのため投下資本が少なくて済むということだ。一方、デメリットは、税の軽減措置がほとんどないため、それによる節税（税の軽減）対策としては使いづらいということになる。

三つに分けて話をしてきたが、所有する土地の場所がどのような状況かにより、そこは駐車場としてはまったく機能しなかったり、資材置き場としては難しかったり、あるいは賃貸住宅としては厳しかったりということが考えられる。

考え方の順序としては、①自分の周辺の状況を見て、できるかできないかを考える。②いくつかの選択肢の中からメリット・デメリットを考える。③経営計画、資金計画、どのように利回りを得ることができるのかを考える。これが一般的な順序だ。

⑥ 土地活用の種類と特長

土地活用にはどんな種類があるのだろうか。

未利用、未活用の土地を有効に活用するためには、地域性や周辺環境、企業の出店状況など、あらゆる角度から考察したその土地の特性に合った事業計画を立てなければならない。そして、できればそれは迅速に行いたいものだ。

土地活用には、さまざまな方法があるが、代表的なものは、以下の八つの例だ。もちろん、他にもたくさんある。

①賃貸住宅・賃貸マンション
②ロードサイド店舗
③医療・介護施設
④複合型商業施設

⑤倉庫、物流施設
⑥事務所・ショールーム
⑦工場
⑧駐車場

一つ目は、多くの方々がやっている、賃貸住宅・賃貸アパート・マンション経営である（本書のメインテーマ）。

賃貸住宅経営の特徴は、はじめによほど無理した賃料設定をしなければ、当初見込んでいた賃料からあまり見込み違いが生じないということだ。

賃料の大きなアップダウンが生まれやすい企業が借りるオフィスビルの賃料と違い、個人が入居するケースがほとんどで、賃料の減額圧力は小さい。

他にも、よほどの山間部でなければ、都市部でも郊外でも場所を選ばず、賃貸住宅の経営が可能であるということ。

また、建て方（間取り）のバリエーションが多い。ワンルーム、ファミリー向け、高齢者向けなどさまざまな種類があるのも特徴だ。

二つ目は、特に幹線道路や主要道路の周辺でよく見られる例だが、ロードサイドに流通小売店・飲食店などの店舗を建てそれを貸すという、ロードサイド店舗である。

主要道路近くや新しくできる道路に面したような場所に土地を持っているならば、入居テナントが付きやすい店舗用物件として賃料収入を得ることができる。

店舗（テナント企業）との契約の場合、例えば10年などの事業用定期借地契約となるため、安定収入が見込みやすい。

賃料に関しては、賃貸住宅では一般的にはほとんど見られない減額交渉などの可能性もあるが、たいてい賃貸住宅よりも㎡あたりの賃料単価は高く、投下資金の回収（主にはローン返済）が賃貸住宅に比べて短期間で終わることが多い。

また、オーナーが土地を貸し、建物は入居するテナント企業が建てるケースもある。この場合、オーナーは地代賃料が入ってくる。土地建物を一体で貸す場合よりも賃料収入は少ないが、資金調達が（実質的に）不要となるので、リスクは限りなく低いといえるだろう。

そして三つ目が医療や介護の施設。日本では、ますます高齢者人口は増加を続けており、医療施設や介護施設、そして高齢者向け住宅にも注目が集まっている。

ベビーブーム世代と言われる昭和20年代前半に生まれた方々が定年を迎え、あと10年もすれば75歳を超えてくる。その頃になると、日本は高齢化社会ではなく、超高齢化社会と呼ばれるようになるだろう。

２０１５年現在、約４人に１人が65歳以上の高齢者だ。

土地活用において、高齢者用の住宅に関心が高まったのは、１９９０年代半ばのことだ。このころから高齢者、とくに75歳以上の後期高齢者が一気に増えた。それから約20年、世間の誰もが知るところとなり、多くの人が老後の住まいとして、関心を持つことに伴い、土地活用としての定番の一つとなった。

四つ目は、かなり広い土地でその一帯が開発されたり、幹線道路が通ったりした場合、複合型の商業施設に利用することもできる。広大な土地を貸して、大きな収益を得る可能性を秘めている。

五つ目は倉庫や物流施設。高速道路や港湾施設の近くに広い土地を所有している場合、有効な手段となる。最近は、通販ビジネスの拡大から、あっという間に増えた。

六つ目に、事務所やショールームとして企業を貸すという土地活用。

七つ目は工場としての土地活用。

最後に八つ目として駐車場、これもよく見られる例である。

主にこのような事例が挙げられる。他にもありとあらゆる土地活用の事例があるが、代表的なものとしては以上となる。

⑦ 土地活用の判断軸

前述したように、自分でそのまま使うか使わないか。活用するならそこに建物を建てて貸すのか、そのまま更地のまま貸すのか、という選択があるが、どのような土地活用を行うかは、オーナーが所有する土地の周辺状況によって、その選択肢は限られてくる。

そして、いくつかの選択肢に絞られてくる。その際に、土地を所有しているオーナーは、どのような基準で、何をするかを決めればいいのかについて、この節で解説していく。

代表的な判断軸は三つある。

一つ目は、利回りの判断。

二つ目は、資産継承がしやすいかどうかという判断。

三つ目は、税の観点からの判断。

どれがふさわしい判断事由なのかは、各オーナーの置かれている環境によって異なる。具体的に土地活用をしようと考えた際には、ハウスメーカー等のパートナー企業とこの点を中心に打ち合わせをするとよいだろう。

まず利回りについてであるが、当然、利回りの中で安定を求めると利回りが低くなるというのが投資の世界でのセオリー、原理原則である。

そのため、「利回りが高い」イコール「安定性はやや欠ける、リスクが高い」ということになるし、逆に安定性を求めるならば利回りは低くなる。高額な住宅設備品が備わった賃貸住宅は人気が出そうで、賃料も高くとれそうだが、費用がかかる。安価な設備品で安く賃貸住宅を建てると、高利回りの可能性もあるが、10年後、20年後は厳しいかもしれない。

そのような表裏一体の関係にあるので、土地活用していく中で、「どれくらい安定性を求めているのか」、「その土地において投資した資金をどのようなかたちで回収したいのか」、そのような軸で決断される方は多い。それが一つ目の、利回りで選ぶということである。

次に「上手な資産継承ができるか」であるが、これは、簡単な言い方をすれば、継続的に収入があるかどうかということになる。

定期借地契約などの場合、賃料は決められた期間しか入ってこないが、たとえば賃貸住宅などであれば、30年や35年ずっと継続的に入ってくるので、こちらのほうが資産の継承はしやすくなる。

先ほど、農地などは継承しにくいと述べたが、もちろん、自分で使っている土地を子どもあるいは孫に継承していくことが、一番資産継承がしやすいということになる。

最後に、税の観点からの選択の基準であるが、賃貸住宅であれば、当然一定の条件を満たさなければならないものの、固定資産税・都市計画税・相続税・所得税などのいろいろな軽減措置がある。

一方、更地として使わないかたちでの農地で置いておくと、宅地に比べてさらに税が低いという点がある。税においては、住宅がらみの資産活用は優遇されているといえるだろう。税に関することはまず税理士に相談するのがのぞましい。

まとめると、未利用の土地を有効に活用するためには、まず地域、その周辺の状況、あるいは周辺の人口動態、企業の活動状態、地域の将来の見通しなど、あらゆる角度から判断しなければ、その土地をどう活かせるかは判断がつかない。

そのため、一つの側面から見て「これでいい」と判断するのではなく、あらゆる可能性を探り、そのメリット・デメリットを考慮した上で候補を絞っていく。

そして、先ほど述べたような利回り、資産継承のしやすさ、税の軽減がどれくらいあるかなどの観点から事業計画を描き、その計画を実行に移すことが求められる。

当然絵に描いた餅のような計画を作っても仕方ないので、実現性の高い計画、リスクを読み込んだ計画を立てるべきだ。

賃貸住宅の場合は入居者、企業向けの店舗や事務所の場合はテナントの企業の需要がどれくらいえるか、そういったことをしっかり想定しておかないと、土地活用は成功に結びつかない。ただ単に「これはメリットがあっていいな」「この辺は賃貸需要がありそうだな」「この辺は店舗の需要がありそうだな」と思うだけでなく、本当に成功させるためには、どれくらい、描いた計画を実践的に実行に移せるかどうか、空室確率や賃料下落の予測なども盛り込んで、最終的には判断したい。

第５章

❖

サラリーマンのための「不動産投資」の基礎知識

① サラリーマンの皆さん　日本円貯金だけで大丈夫？

上場会社などに勤める高額給与のサラリーマンの中には、納税額の多さに嘆いている人も多いことだろう。日本の現状の源泉徴収制度では、サラリーマンは、年収が上がっても、その実感は少ない。

自営業者は、経費などをうまく活用すれば、実質的に上手く節税できるが、サラリーマンに適用される源泉徴収という仕組みは、給与から税金などを引かれた後に、支給されるので、節税という意味では非常に難しい。

サラリーマンの多くの方々にとっての資産と言えば、自宅と円での銀行預金だろう。

私も、以前はそうだったが、先に述べたようにインフレ政策が始まって以降は、考え方を変えた。

円のみでの預金だと、本格的なインフレが起こった時に危険と感じからだ。さらに、保険会社に支払っている（私的）年金の受け取りもドルで受け取るタイプにした。

銀行の預金も、国の（公的）年金基金も、多くの割合を日本国債で運用しているため、分散が効いておらず、万が一の国債暴落の際には共倒れの危険があると感じる。

第4章で、投資の原則1を述べたが、投資の原則その2を挙げるとするならば、「投資は分散して行う。そして、資産も分散しておく」ということだろう。

現金預金の分散だけでなく、資産そのものの分散も必要だろう。

資産のアロケーションは、現金（預金）を日本円と外貨へ分散で持つ。そして、国債などのリターン率は低いが低リスクのもの、さらに、値上がり期待よりも配当狙いの株式（ETF・JREIT含む）そして、現物資産では、賃料収入期待の不動産投資、というのが最もわかりやすい資産と投資の分散例だろう。

② サラリーマンが行う不動産投資で注意すること

不動産投資といってもその種類は、多種多様だ。

現在の日本においては、１９５０～８０年代やバブル期のように不動産そのものが大きく値上がりすることは期待できないから、不動産投資においては賃料を狙う投資となる。

ＪＲＥＩＴのように証券化された商品も、その原資はポートフォリオに組み込まれた不動産による賃料収入だ。

自らが住むのではなく、賃料収入を生み出す不動産が投資用不動産だ。投資用不動産と言って身近なものは、マンションの一室を購入して、そこを貸す区分マンション投資だろう。大学近くに建てられるワンルーム中心の小ぶりなマンションから、一等地に建つ高級分譲マンションの賃貸物件もある。

また、一棟10～20室のアパートを購入するアパート経営も、もちろん不動産投資だ。

海外ファンドや海外機関投資家は、都心の大きなビルを購入するというダイナミックな不動産投資を行っている。土地を所有するオーナーがその土地に何らかの建物を建てて貸し、そこから賃料を得るいわゆる土地活用も、広く言えば不動産投資の一種だ。

不動産投資を行うサラリーマンの数は増えている。年収４００～５００万円の方も行っているようだが、やはり多いのは上場企業ないしそれに準ずる企業に勤める年収１０００万円を超える方々であろう。こうした銀行からの信用度の高い方々は、投資用のマンションのローンも銀行審査が通りやすく低金利で借りられるため、不動産投資に向いている。

また、大企業高額所得者の多くの方々は、税金の多さに嘆いているようだが、不動産投資において賃料等収入と必要経費の差がマイナスになれば損益通算というルールが適用され、納めた税金を取り返せる可能性もあるため、それをねらって不動産投資を行う方も多いようだ。

サラリーマンが行う不動産投資で注意すべきことは、

①年収を鑑みて、ムリのない範囲の金額の物件を購入する＝借入れはムリのないように。
②管理などに割く時間はないと考えて、管理ワンストップ企業から不動産を購入する。
③できるかぎり低金利ローンを探す。
④ある程度地の利がある物件を購入する。

などが、挙げられるだろう。

初めて不動産投資を行う方は、小さめな（安価な）物件から始めるといいと思う。そして、だんだんと慣れてきてから、数を増やしたり、大きめ（高め）の物件にも手を出したりすればいいと思う。

さらには、同時に、不動産の市況に敏感になるという観点からも、ネット証券で手軽に売買できるＪＲＥＩＴなどの不動産系のファンドや不動産系ＥＴＦなどに一定額投資をするのがよいだろう。こうした証券化商品は、市況に対して敏感に反応するため、キザシが読みやすいからだ。

③ 区分マンション投資の利回りの考え方

区分マンション投資は、近年ますます盛んになっている。書店にもずらりとマンション投資に関する書籍が並び、不動産投資家はもちろん、サラリーマンやＯＬ、リタイアしたご年配の方々まで、広く一般化してきた。

増えているのは、将来の年金対策という、将来を見越した不安払拭という理由だけではない。１０００万円以下の物件も多く、金額が手頃なことに加え、こうした物件の管理会社が増えてきた安心感も、投資家が増えている理由であろう。

源泉徴収制度で、きっちり税金を持っていかれるサラリーマンにとっては、損益通算を利用することで、節税可能性もあることから、これからますます、サラリーマン層には支持を受ける不動産投資となるだろう。

損益通算とは、国税庁の資料を簡易的にまとめると、「各種所得金額の計算上生じた損失のうち一定のものについて、総所得金額、退職所得金額等を計算する際に、他の各種所得の金額から控除すること」とある。

これを、サラリーマンが行う不動産投資を例にざっくりと説明してみたい（詳細は、税理士に相談していただきたい）。

まず、不動産所得がある場合の損益通算とは、1年間の不動産の所得＝実質収益（ＮＯＩから各種経費などをひいたもの）がマイナスとなったとき、給与所得などと合算する（マイナス）される。確定申告を行うことで、サラリーマンとして源泉徴収された税金が返ってくる可能性がある、ということだ。

ここで、区分マンション投資の利回りについて、例を用いて説明する。

都心の中古ワンルームマンションを１２００万円で購入、賃料は月額６万円だったと仮定して説明しよう。

まずは、表面利回りの計算から。

表面利回り＝（月額賃料×12か月）÷購入金額

（72＝６×12）÷１２００＝6％

ここからかかった経費を引くとNOIが算出できる。

主な経費としては、分譲マンションと同様にマンションを所有するとかかる管理費用・修繕積立金などがある。合わせて月1万円（年間12万円）と仮定する。

さらに、入居者とのやり取り、物件管理など賃貸物件管理会社に支払う管理料（PM料）が必要となるから、その費用を月3000円（年間3・6万円）、そして金利を年間15万円と仮定してみる。

NOI＝72－12－3・6－15＝41・4万円
これを1200万円で割ると、3・45％となり、これが実際の利回りとなる。この3・45％の利回りをどう見るかが投資判断ということになる。

区分マンション投資の基準をどう考えるかは、人によって異なる。この利回りを判断基準にする方もいれば、あるいは、ローンを組んで区分マンションを購入する場合、年間収入から年間のローン支払い（金利と元金支払い）を引いてマイナスになるかどうかを基準にする方もいるだろう。

また、ローン支払い後マイナスになっても、完済後にはプラスが出るとして、その時をイメージして（老後の私的年金として）投資する方もいるようだ。

④ 中古区分マンション（ワンルームマンション）投資のメリットとデメリット

中古区分マンション投資というと、ワンルームマンションの投資を思い浮かべる方が多いだろう。最近は、中古の区分マンション投資でも、築年数の古い物件を若者受けするようリノベーションしたような投資物件も増えている。

ワンルームマンションのメリットは何といっても、価格的に手軽ということにあるだろう。都心の超一等地に建つ新築ワンルームマンションならば、30㎡で5000万円という高額なモノもあるようだが、一般的には都心でも2000～3000万円台の新築ワンルームマンションも珍しくない。

東京23区内でも、やや郊外にある築20年モノの20㎡以下の中古ワンルームマンションならば、1000万円を切る物件もある。

都心のワンルームマンションの賃貸需要は、底堅くしばらくニーズはあるだろう。余程駅から遠い物件でもなければ入居者は付き、長期空室になることはないだろう。

だから、サラリーマンが、長期保有して賃料収入を得る目的と後述する節税対策（一部屋だけなら、それほど大きな節税にはならないが）という観点から考えると、取り組みやすい不動産投資である。

しかし、いくら安いとはいえ、時期を間違えると、手放そうと思っても手早く売却することが難しくなる。これは実物不動産投資の宿命だ。不動産投資熱が高い間は比較的早く買い手がつくが、リーマンショック後のように熱が引いた時期になると、買い手が付きにくく、「すぐに売却して現金化したい」と思うと、買いたたかれることもあり得る。

ワンルームマンション不動産投資は、長期保有を考えるか、そうでなければ、「買い時」と「売り時」を間違えてはならない。

また、ブローカー的な業者が多く存在している業界でもあるので、買う際には「イマイチ物件」をつかまされたり、売る際にはとても安い金額で買いたたかれたりすることもある。どんな業者から買うかも重要なポイントだ。

さらに、管理会社（ＰＭ会社）選びも重要だ。入居者探しから始まって、入居者との間に入って賃料のやり取り・敷金礼金更新料などの金銭的なやり取り、また入退去のやりとり、など賃貸物件を所有すると多種多様な管理的な業務が発生する。これを自ら行えるならいいが、管理会社に外注する場合は、管理会社選びが重要となる。購入するマンションの新築マンション販売会社あるいは、仲介会社がこうした管理部門（または系列会社）を抱えているのが望ましいだろう。こうした会社を抱えている会社から購入した方がワンストップで、楽なうえに安心だ。

⑤ 空室の出にくい区分マンションの原則

次に空室の出にくい区分マンションについて考えてみよう。

区分マンションの投資と言えば、都心のワンルームマンションが一般的であるが、他にも大都市部の一等地に建つ分譲マンション（ファミリー、ディンクス向け）への投資もある。まずは、ワンルームマンション投資と分譲用マンション投資の違いを簡単に説明しておきたい。

ワンルームマンションは、大都市に多数見られるが、基本的に独身向けの30㎡以下の１ベッドルームに小さなキッチンのついたタイプのマンションだ。したがって、物件情報では、１Rと表記されていたり、１Kと表記されていたりする。海外では、スタジオ（ＳＴＵＤＩＯ）と呼ばれているため、ワンルームタイプのマンションでは、ＳＴＵＤＩＯという表記を使う例も見られる。

ワンルームマンション投資のメリットは、何といっても価格が安いということだろう。最近では、都心の超一等地に坪単価が４５０万円以上する超高級ワンルームマンションも登場して、話題となったが、あっという間に売れたという報告もある。

さらに、マンション管理費や修繕積立金が少ない。これは、共有部が少なく、付帯サービスなどもほとんどないことから安価なのであるが、修繕積立金が少ないのは、費用は安く済むが、万が一の時には心配も残る。

一方、デメリットとしては、物件価格の上がり下がりが激しいことだ。都心の超一等地であるならば心配も少ないが、都心でもややランクが下がる立地ならば、新築で購入した物件でも、数年すれば中古再販時の価格下落は免れない。

近年、中古ワンルームマンション価格は高騰しているが、これがいつまで続くかは疑問だ。つまり、ブーム（投資熱）により価格が上がり、投資熱が下火の際は、二束三文でしか売れない可能性を秘めているということだ。

ワンルームマンションを買うならば、賃料が安定している都心超一等地か大学に近接しているなど、需要減が見込まれないエリアの物件に限ったほうがいいだろう。

一方、分譲用マンションを投資用として購入する場合のメリットは、郊外の三等立地でなければ、再販価格が大幅に下落することはないということだ。

デメリットとしては、ワンルームタイプに比べて価格が高いこと、管理費・修繕積立金が高いことが挙げられるが、管理費・修繕積立金については、負担がある分、それだけ安心であると言えるかもしれない。

将来、物件を手放そうとする際、人気エリアで駅から近ければ、あまり値段が下がらずに売ることができる。

また、ワンルームマンションはそもそも小さいため無難な間取りしかないが、分譲用マンションは様々なパターンの間取りがある。

投資用に購入するならば、分譲価格の張る高層階や賃貸ニーズの少ない広い部屋を避け、低層階で無難な広さ（50～80㎡）にするべきだろう。

区分マンション投資で外せないポイントを整理すると、以下のようになる。

①一等立地であること。
②駅からの距離が10分以内であること。
③建物管理がしっかりしていること
④間取りが無難で万人うけするもの

⑥ 不動産投資はサラリーマンにとって身近な節税策

ここでは、勤労給与所得者（サラリーマン）にとっての不動産投資を税金の観点から考えてみたい。

サラリーマンは勤労の対価を給与として受け取るが、その際には一定額の税金（その他福利厚生なども）を引かれて支給される。年末調整の際に、みなし経費・保険などを勘案（調整）し、多く引かれた際は還付され、少ない場合は追加徴収される。つまり、サラリーマンは、支払い額（額面給与）を一旦全額受け取るのではなく、あらかじめ一定額を引かれた金額を支給額＝手取りとして受け取るのだ。

一方、会社経営・不動産経営を行うと、この手順をふまない。

一旦全額が手に入る。そして、そこから必要な経費を引いたものが所得となり、その所得に対して税金がかかる。

例えば、不動産賃貸経営の場合、

①不動産の賃料収入－②必要経費＝③不動産所得

この必要経費は、常識の範囲内で、その業務に必要なものが認められる。この②必要経費が増えれば、③不動産所得が赤字となり、最低限の税金（あるいはゼロ）でよいのだ。

サラリーマンが賃貸住宅経営を行う場合、この不動産所得と給与所得を合算して、確定申告することができる。

④他の所得（給与所得など）＋③不動産所得　を合算して申告

もし、③不動産所得が赤字なら、④給与所得からマイナスされ、税が安くなるのだ（＝前述の損益通算。株式売買益などの所得とは合算できない）。

ここでいう賃料収入は、主に家賃・共益費・礼金・保証金・敷金などのうち返金しなくてもいいものが入る。

一方、必要経費は、以下のようなものが認められる（★には制限あり）。

土地・建物の固定資産税・都市計画税
消費税（★）
修繕費（★）
損害保険料（★）
不動産会社への管理料

管理組合管理費
入居者募集広告宣伝費
税理士・弁護士への報酬で不動産賃貸にかかるもの
減価償却費
共用部分の水道光熱費
土地の購入・建物の建築の借入金金利（元金は経費ではない）
その他雑費（消耗品）
（これら、必要経費が認められるかどうかは、状況により異なるので、必ず税理士など専門家に確認していただきたい）

このように、経費がいろいろと認められている。

減価償却費のように、実際には費用ゼロ円にもかかわらず経費として一定額認められるものもある。

前述のように、もし不動産からの収入よりも経費が多くかかったならば、不動産所得はマイナスとなり、サラリーマンの方々は、損益通算により、給与所得にかかる税金を減らすことができる。確定申告を行い、いったん先に納めた税金が還付されることになる。

⑦ 一棟マンション（アパート）投資の基本的な考え方

有効活用できる土地を持っていない方が、賃貸住宅への投資を行う場合、区分所有マンションへ投資するか、もしくは、一棟モノの賃貸マンション（アパート）を購入するか、という選択になる。

投資の基本的な考え方は、土地活用における賃貸住宅経営と同じ考え方だ。土地活用としての賃貸住宅経営の際は、土地は所有していたものであるから、土地分の購入資金は（実質的に）不要だ。しかし、アパートを１棟購入する場合は土地と建物（賃貸住宅）を一緒に購入するため、その分（当然ながら）、同じ賃料でも利回りは悪くなる。

どれくらいの利回りを求めるのが適切か、つまりどれくらいの利回りならその物件を買う決断をするかは、投資家の求めるレベルやその時期の投資環境により異なる。

前述したように（25頁）、その目安となるのがＣＡＰレートだ。ＣＡＰレートは、いろんな要因により、上下する。

ＣＡＰレートが下がれば（＝期待利回りが下がる）、不動産価格が上がる、ということになる。逆にＣＡＰレートが上がるとき、価格は下がる。ＣＡＰレートはプロパティー（建物種別）別ごとに異なり、各種研究機関が公開しているデータも、プロパティーごとの数字となっている。

不動産投資を期待利回りを示すＣＡＰレートを目安にして、判断すればいいだろう。


また、土地と建物分の割合を販売会社から確認する必要がある。営業担当者に聞くとすぐに答えてくれるだろうが、土地＋建物の合計金額で価格設定されているが、消費税については建物にしかかからないため、そこから自分で算出してもいいだろう。これは、経費として大きい減価償却の計算に必要だ。

賃貸住宅の建物分については、構造種別により年数は異なるが、減価償却費が認められる。ＲＣ造物件で47年、Ｓ造物件で34年、軽量鉄骨で27年、木造建築では22年と決められている。その年数に案分して減価償却費が経費として認められる。土地分のローン返済を、利回りを考える際にどう見るかも検討の必要がある。

また、経費も区分マンションと大きく異なる。例えば、賃貸住宅内のインターネット回線の費用やごみ収集費用、さらに建物管理費用（ＢＭ費）なども見込まなければならない。

第6章

❖

賃貸住宅経営の極意

① 賃貸住宅、不動産投資におけるリスク　空室、賃料下落

賃貸住宅経営を始めるに際して、行うかどうかの重要な判断材料となるのは、賃貸住宅経営シミュレーションだ。賃貸住宅を建ててから入居が始まり、以後30年～50年の長きもの間、賃貸住宅の経営を行うことになる。

賃貸住宅経営においては、火災や事故などにより、消失あるいは使えないといった物理的なリスクを除き、経営にフォーカスしたリスクでは、主に、①空室リスク、②家賃下落リスクの2つがある。

実質的に（実際は収入金額差）一定の支払いを行うことにより、この2つのリスクを回避する策が、管理会社（サブリース会社）との間に結ぶ一括借上契約（サブリース契約）だ。

一括借上契約を行った場合、オーナー（賃貸住宅所有者）は入居者との間で契約をはじめ賃料等のやり取りを行わない。手間がかからず楽という面がある一方、どうしても、空室がどれ

くらいであるか、賃料のアップダウン状況はどうか、などというリスクをあまり気にしなくなってしまいがちだ。

一括借上（サブリース）契約では、空室リスク、賃料下落等のリスクを管理会社（サブリース会社）が負う対価として、一定額が徴収される形となる。もちろん、契約形態は管理会社⇕オーナー間での金額契約と、管理会社⇕入居者での契約で、そこに差額があるから、対価として一定額を徴収される形にはならない。

極端な例だが、急に家賃が下落した場合や空室が続く場合などは、管理会社はそのマイナス分の負担をしなければならないということになる。こうしたこともあって、オーナーと管理会社の間では、定期的に賃料設定を見直す契約改定が行われることになる。

以上のことから考えると、たとえ一括借上契約を行っていたとしても、賃貸住宅経営の経営シミュレーションにおいては、家賃の下落確率と空室の確率を読みこむ必要がある。経年劣化による5年ごとに家賃が一定額ずつ減るという単純なものではなく、周辺家賃の増減率などを見込んで、上昇確率と下落確率を見込む必要がある。

こうした、増減の確率をいくつかのパターン別に分けて、

①もっとも家賃下落が少ないシナリオ
②もっともよくないシナリオ
③中間のシナリオ

という形で、経営シミュレーションを3パターンくらい作り、中間シナリオ=中位確率のパターンを賃貸住宅経営の基本線として見ておけばいいだろう。

②賃貸物件の空室は多いのか？

総務省統計局によると、共同住宅（≠賃貸住宅）の空き家率（2013年）は、全国で約19％とされている（図表1参照）。エリアごとの差はあるが、低いエリアでも11％以上の空室がある。賃貸管理業を展開している民間会社では、その会社が預かっている空室率が数％という数値で、総務省統計局が出している空き家率とは明らかに乖離があるようだ。

図表1
共同住宅の空き家率
（平成25年）

全国	18.8%
横浜市	15.8%
大阪市	20.7%
札幌市	20.6%
新潟市	17.8%
広島市	18.6%
仙台市	11.5%
静岡市	21.9%
福岡市	14.7%
東京23区	15.7%
名古屋市	17.3%
熊本市	17.3%

※赤字は全国平均以下
(総務省統計局「住宅・土地統計調査(平成25年)」より作成)

この乖離は、どうして生まれているのだろうか？

要因の一つは、19％という数字の中には建て替えなどの予定があるため入居者募集を積極的に行っていない空き家が含まれている。また、リフォーム中の物件もある。

老朽化が進み築年数が古く現在の耐震基準を満たしていない賃貸住宅は、入居者から敬遠されがちとなり、空室率もあがる。

そして、経年のため空室率が上がると、リフォームや建て替えを検討する賃貸住宅は増え始めてくるが、建替えを決意した場合、その時点で入居者の募集を停止するのが一般的だ。このように積極的に募集しない物件の空部屋もカウントされているため数字が大きくなっている。

次に大きな要因は、人口減少などで需要に陰りが見えている、あるいはそもそも賃貸需要が見込めないような場所に建つ賃貸住宅では、どうしても空室になりがちだ。このようなことが相まって、賃貸住宅の空室率が高まっていると思われる。

③ メンテナンス費用の考え方

賃貸住宅経営は、建ててからおおむね30年以上の間行われる。経営を始める際の収支シミュレーションを行う際には、30年～35年を想定しておくのが一般的だ。

一般の住宅と同じように、賃貸住宅においても30年の間には定期的なメンテナンスの必要もあるし、水回りなど古くなった設備品を変える必要もあるし、時には大がかりなリフォームの必要もある。また、予期せぬメンテナンス費用を見ておくのも大切なことだ。

また、賃貸住宅のメンテナンスは、入居者が利用する室内（専有部）だけでなく、廊下やエントランスといった共有スペースや外部設備（屋根・外壁など）についても必要だ。

30年の間に想定されるこれら共有部のメンテナンス、維持管理に必要な項目をざっとあげると図表２のようになるので、目安にすればいいだろう。

これらの費用は、事前に見込んでおけば慌てた出費にならないし、こうした修理修繕にお金をかけないと、どんどん建物はいたんでしまう。

図表2 共有部のメンテナンス、維持管理に必要な項目

外部建具	サッシ、玄関ドア、エントランスドア、引戸雨戸、シャッター雨戸、遮熱スクリーン
バルコニー	防水パン、シート防水、手摺、笠木、隔壁板
屋外設備	階段灯、廊下灯、非常用兼用照明灯、オーナメント、ガス給湯器、屋外電気ボックス類、エコキュート、電気温水器、雨水・雑排水枡、太陽光発電システム
屋　根	屋根材、シート防水
外　壁	外壁材塗装、外壁目地
外部階段・廊下	段板マット、階段手摺、床材、鉄骨部
外部付帯	フラワーボックス、エアコン室外機置き台、メールボックス、エントランススクリーン、エントランス庇、宅配ボックス

手入れの行き届いていない、古めかしい建物では入居者が敬遠してしまう。こうしたことで空室が続き収支計画が崩れないように準備しておくことが肝心だ。

④ 空室の出にくい賃貸住宅（一棟アパート）10原則

空室の出にくい賃貸住宅（一棟アパート）とは、どんなものだろうか？

空室が出にくい物件とは、「入居者が付きやすい」ということと、「入居者が退去しにくい」の2つがともに成り立っている物件である。

住みたいという「憧れ感」と住みやすいという「やすらぎ感」と置き換えてもいいだろう。

「適切な家賃設定」と「適切な管理と客付け」ができているという前提で10の原則をあげる。

①立地がいいこと

大都市圏においては、駅からの距離が概ね10分以内であることが必要だろう。電車など公共機関の発展している地域においては、駅からの距離は重要だ。駅からの距離は、賃料などにも大きな影響を与える。

一方、地方都市においては、車による移動が増えるため、道路のアクセス、商業施設へのアクセスが重要となる。

②外観の見栄えがいいこと

外観の良さは、入居見込者によるインターネット検索にも大きな影響を与える。賃貸住宅を探す際に、今ではほとんどの人は賃貸住宅情報会社や賃貸斡旋会社が運営するインターネットサイトを活用する。サイトに掲載される外観の見栄えは大きなポイントになるからだ。

また、現地内覧の際にも、外観の良さは大きなポイントになる。人は持ち家であれ、賃貸住宅であれ、住まいには外観の良さや重厚感を求めるものだ。

③水回り設備が充実していること

バスやトイレ、キッチンは、特に女性を中心に、物件選びの際に重要視する人は多い。毎日使うものであり、機能的にもデザイン的にも、水回り設備のレベルの高さは、人気物件となる大きな要因のひとつだ。

④入居者間のコミュニケーションがよい

昨今、近隣同士のコミュニケーションのなさは大都市圏では特に顕著で、社会問題のひとつにもなっている。自分では選ぶことのできない同じ賃貸物件の住民同士が、良好なコミュニケーションをとっていることがわかれば、入居への障壁は下がるだろう。

⑤騒音などの問題が起こりにくい設計

騒音問題も、住んでいる人にとってはとても大きな問題だ。訴訟問題に発展することもある。環境の条件などによって仕方のないこともあるかもしれないが、物件に騒音を和らげる機能とがあると、客付けがしやすいだろう。

さらに、長期的な視点で考えると、⑥以降の点も重要なポイントとなる。

⑥外構、植栽などを充実させる

外観の見栄えとともに、外構や植栽は重要なポイントだ。オーナーの細かい配慮や入居者への心配りを入居者は感じることができるだろう。また、他物件との差別化のポイントにもなるだろう。年数が経てば重厚感が出るのも植栽充実のメリットだ。

⑦優良な賃貸住宅管理会社との付き合い

入居者は普段は管理会社と接することになるので、管理会社の優劣は、そのまま入居者の評価につながる。また、長期的な経営を考える場合、優秀な管理会社とのパートナーシップは欠かすことができない。管理会社によるメンテナンスやリフォームなどの的確なアドバイスは、30年を超える賃貸住宅経営においては不可欠だ。

⑧スタート時の客付きの良さ

新築にもかかわらず、しばらく空室が続くようだと、近隣に対するイメージがよくない。即座に満室になるような賃貸住宅は、イメージアップにもつながる。すると、その後も入居者が付きやすい。

⑨迅速なメンテナンス

設備の故障や傷みの放置は、退去の大きな原因になる。そうならないためにも迅速で丁寧なメンテナンスは欠かすことができないポイントだ。メンテナンスを迅速に丁寧に行うことで、入居者の評価は非常に高くなる。

⑩適切なリフォーム

築20年を過ぎたころから、設備や外観にとどまらず、デザインやイメージも劣化していく。

そうした劣化は賃料や空室期間にも大きな影響を及ぼすため、地域環境を研究しながら、ニーズにあった適切なリフォームを行っていきたいものだ。

⑤ 空室の出にくい賃貸住宅　さらに深掘り

土地活用として賃貸住宅を建てようとしている方は、賃貸住宅の建物や間取りについて、「どのようにすれば空き物件にならないか」という点について、ハウスメーカーや工務店と何度も打ち合わせすることが大切だ。

入居者ニーズをあらゆる角度から分析することによって、住みたいと思ってもらい、退去しづらい、長くこの物件に住みたいと思ってもらえるような賃貸住宅を建てなければならない。

賃貸住宅経営を始める方にとって一番の懸念点は、「空室が出ないだろうか」、あるいは「賃料の下落がないだろうか」という点であることは間違いないだろう。当然空室が出なければ賃料を下げる必要もなく、したがって、最も重要な点は、空室がどうすれば出ないかということになる。つまり、空室がどうすれば出なくなるかを考えることこそ賃貸経営の極意と言っていいだろう。

では、どうすれば賃貸住宅経営において空室が少なくなり、空室が出ないようにできるのだろうか。

一点目は、周辺環境のニーズにどれだけ対応できるか。そのオーナーが持っている土地（これから賃貸住宅を建てる）の周辺環境と、その周辺エリアに住む方々の、想定された入居者ニーズをどこまで読み込んだ部屋が作れるか、建物が作れるかということだ。

二点目は、その周辺環境を分析することにより、適切な賃料をどう設定するかということだ。空室を防ぐために、当然あまりにも賃料が高すぎれば、選ばれない物件になる。

さらに三点目として、設備機能もポイントになる。物件を見に行ったとき、物件自体が古い、設備のグレードや機能に問題がある、などの判断をされてしまうと、入居を見送ることにつながりかねない。

その周辺に住んでいる、そして想定された入居者の方々に相応しいような物件をどう建てるかということが、一番重要であるのは間違いない。

入居者のインターネット検索でウケる見栄えのいい賃貸住宅

20年以上前の大学生は、通う大学の近くの不動産屋に行って、物件情報のチラシを見て、好みの物件があればそのチラシを抜き取って、不動産会社の人と内覧に行くというのが一般的だった。しかし、今はそうではない。

パソコンやスマートフォンで、物件検索サイトにアクセスして、最寄駅や賃料などの条件を入力して物件を絞り、部屋や外観の画像を見て選ぶ。物件を実際に見に行く前に、すでに物件の写真をたくさん見て、比べているのだ。

ほとんどの物件で掲載されているのが、外観、室内、トイレ、浴室の写真。この４つの写真に魅力がなく、平凡で安っぽい印象を与えてしまうと入居者は敬遠する。やはり見栄えがいい外観と、きちんとした水回り設備は必要だろう。高級なものを取り付ける必要はないが、入居者のニーズと思考をしっかり踏まえ、ある程度の見栄えと安心感を与える設備、仕様にする必要があるだろう。

「とにかく見栄えのよい外観の賃貸住宅にする」ことが一つ目のポイントだ。

入居者が欲しているモノを知る～トレンドを読み解く

空室が出にくい賃貸住宅の、二つ目の重要なポイントは、入居者のニーズを盛り込んだ賃貸住宅を建てることだ。すでに建てられた物件を購入する時は、そうした物件を選ぶことだ。土地活用として賃貸住宅を、ハウスメーカーなどと打ち合わせて建築する場合は、メーカーにその点を伝えるといいだろう。

入居者のニーズは、時代背景に影響するものと、将来に渡って普遍的なものがある。しかし、一度それが一般化する（備わっていて当たり前の状態になる）と、その設備が備わっていないと、マイナス要素となるので、注意が必要だ。

例えば、温水洗浄便座（いわゆる、ウォシュレット）などは、いまでは当たり前に備わっていてほしいものだ。また、新築物件ではほとんど見なくなったが、三点ユニット（バス・トイレ・洗面台が一体となったもの）の賃貸物件は敬遠されがちなので、中古ワンルームマンションを購入する際などは避けた方がいいだろう。

近年、このように当たり前の設備になってきているのが、セキュリティ関連の設備だ。賃貸住宅入居者のアンケート調査の結果をみると、必ず希望設備の一位に上がっている。最近は物騒な事件も少なくないからだ。

そのため、セキュリティがしっかりしている住宅がより好まれている。ただし、防犯レベルはインターネットの画像だけでは伝わりにくいため、特に女性の場合は、内覧のときにチェックする重要事項となっている。

エントランスのオートロック、室内から見える画像付きのモニターなどは必須だろう。最近では、１Ｆのエレベーターロのモニターでエレベーター内が映し出されることで、エレベーター内での犯罪等を防ぐというタイプも賃貸住宅に付けられている例も増えてきた。

入居者のアンケート結果などを見ると、他には、「インターネット設備が整っていること」も、欲しいもののランクの常に上位に入っている。

また、普遍的なものとしては、「収納スペースの充実」が挙げられる。しかし、これは専有部面積の広さしだいとなるので、上手く収納スペースが確保されている物件ということになるだろう。

適正賃料を間違わない

賃貸住宅経営において、利回りはその投資（建築）の判断基準となる。

先に述べたように、利回りは賃料収入（年間）を投資金額で割ったものだから、多くの賃料を得れば、利回りは高くなる。しかし、賃料には相場があるので、高い賃料を得ることはそう簡単ではない。高く設定して、入居者から敬遠されれば、その期間賃料はゼロとなるため、年間賃料収入は減り、利回りは悪くなる。

賃料は、同じような間取り（広さ）や設備に築年数を加味して、周辺事例（相場）を見定めながら、最終的に管理会社と相談して決めるべきだが、決して無理して高く設定しないことが重要だ。

土地活用として賃貸住宅を建てる場合、複数のハウスメーカーにプランの提示を求めるのが一般的だが、そこでは収支計画の提示も含まれている。どのメーカーのプランも同じような間取り(広さ)、設備だと仮定すると、収支計画の中にある賃料設定は大きく変わらないものだ。しかし、中には、どうしても受注につなげたいために、かなり高い賃料設定をした収支計画を組んでいるメーカーもあるようだ。

以下のようなやり取りは、時折見られるケースだ。

「我が社の方がいい利回りになりますよ」とメーカーが提案してきたので、オーナーが、「他社よりも、少し高い賃料設定ですが、大丈夫ですか?」と聞いた。すると営業担当者は、「我が社(あるいは系列子会社)が一括借上げを行いますので、万が一入居者が付かない場合でも、ご安心ください」と回答があった。

一括借上げは、定期的に更新され、空室が続くようだと、「値下げしましょう」となる。年数が経てば、賃料は徐々に安くなることは否めないが、大幅に安くなるとスタート時に想定した利回りが絵に描いた餅になってしまう。

また、賃料を高くして入居者が付きにくい物件となると、実際に入居者を集めてくれる不動産会社(賃貸物件客付会社)から「不人気物件」という烙印を押されて、送客してくれなくなる可能性が起こりうる。

こうした賃貸物件斡旋会社は、手間を考えると、「紹介するとすぐ決まる人気物件」から順に斡旋していく。何室も案内するのは面倒だからだ。こうなると悪循環が生まれる。

その始まりは、「賃貸住宅を始めた時の、ムリして高い賃料で募集した事」に他ならない。「多少周辺より高めですが、一括借上げ制度を利用していただくと、我が社が保証しますから」の甘い言葉に乗ってしまってからでは、遅いのだ。

三つ目のポイント、「適正賃料を見誤らない」ことだ。

エリア特性を見定める

空室の出にくい物件の四つ目のポイント。それは、「エリアの特性を見抜く」ということだ。

大学の傍であるならば、学生にウケる家賃の抑えた小振りの1Rやコミニュティスペースのあるマンションがいいかもしれない。高級住宅街に賃貸住宅を建てるならば、外観にはそれなりの風格が欲しい。

また、都市中心部への比較的アクセスがいい割に賃料の安いエリアでは、社宅などとして法人契約を狙えるような物件に仕上げてもいいかもしれない。

例えば、インターネット料金が家賃に組み込まれている、敷金・礼金・更新料等初期費用がいらない（実際は家賃に組み込まれている）、などはこうしたニーズに答えた物件だと言えよう。

エリアの特性に合った物件は、入居者が付きやすいことは言うまでもない。さらに、大学の近くの物件では、先輩から後輩への紹介が行われるケースがあるようだ。こうすると、空室が出にくくなるだろう。

ウケる間取りとは?

どのような間取りが入居者に支持されるのかは、入居者の好みは多種多様なため一概には言えない。ただ、「空室が出にくい」という観点で述べれば、一般的な万人受けする無難な間取りということになるだろう。これが五つ目のポイントだ。

マスコミなどがトレンドを追ったように「こんな物件が人気のようです」というコンテンツを報道することがあるが(例えば先日はオートバイ好き専用のマンションがテレビで放映されていた)、これはあくまでごく一部に人気という物件であり、今後こうした趣味趣向とともに暮らすような物件が流行るとは到底思えない。

奇を狙ったマニア向けのような物件などは、それなりの賃料が取れるようだが、どうしても空室確率は上がる。

また、「空室が出にくい」物件とは、入居者のトレンドを追いかけて「すぐ、入居者が付く」というだけでは成り立たない。

「長く入居している人が多い物件」つまり、「住み心地がいい」、「飽きの来ない」物件でなければならない。そのためには、「無難な間取りであるけれど、使い勝手がいい」タイプの物件が支持されるのだ。

また、最近では晩婚化にともない、ある程度の年収のサラリーマン（ウーマン）が長く賃貸住宅に住み続けるというケースが増えている。小さな学生向けのようなワンルームではなく、広めの１ＬＤＫタイプのような物件を好まれるようだ。

さらに、カップルで住むケース（いわゆる同棲）が増え、こうした方々に好まれる35～50㎡（ディンクスタイプ）の需要は大都市部だけでなく地方都市でも高まっているようだ。

⑥ メンテナンスと賃貸住宅のリフォームの原則

賃貸住宅の専有部リフォームといえば、入居者の契約更新が行われず退去が決まった時に、補修的なリフォームを行うものが中心だが、築年数20年~25年を超えた時など、ある程度（大がかりな）リフォームも行われている。

日本において、賃貸住宅の入居者は新築物件などの築浅物件を好む傾向にある。アメリカなど欧米諸国では古い物件に対して抵抗が少ないようだが、日本では新築物件が人気だ。

こうした傾向から、築年数の経た物件は築浅物件に比べてどうしても空室が出やすい。その場合、ある程度の出費を覚悟してでもリフォームを行ったほうが、入居者が付きやすくなる。

そもそも、築年数が経っても空室となりにくい外観や間取りなどをあらかじめ考えた物件であるにこしたことはない。

しかし、水回り設備品をはじめ室内建具など、どうしても古くなると傷みが激しくなったり、デザインが古くなったりしてしまうこともある。

さらには、20年をすぎると、賃貸住宅の立地周辺の環境も大きく変わってしまう可能性もある。そうしたことが原因で空室が続くことがないように、リフォームが必要となることもある。

賃貸住宅経営を始める前には、必ず収支計画を立てるが、この時にこのような出費に備えて、メンテナンス費用だけでなく、リフォーム予定積立を考慮しておくといいだろう。

リフォーム後の空室改善可能性

住宅全般的に言えることだが、賃貸住宅においても築20年を超えたあたりから設備品の古さが目立ち始める。これは仕方のないことだ。

そして20年という区切りは、築年数のネガティブイメージも加わり空室可能性が高まる時期でもある。

使えなくなった、あるいは壊れた、という状況ならば仕方がないが、まだ使える状態でも機能的な不足が否めないような状態ならば、「取り替えたほうがいいか」あるいは「入居者がついてくれるのか」と悩むところだろう。

どんなタイミングで、お金をかけてリフォームすべきなのかを悩むオーナーは多い。

賃貸住宅におけるリフォームは、修理修繕、取り替えという小さなものから、水回り設備の入れ替えなどの中程度の金額のリフォーム、そして間取りの変更など大きなお金のかかるリフォームと、その内容は様々だ。

小さな金額であれば、すぐに決断をしてしまえばいいことであるが、金額が大きいとそうもいかない。

以前、ある首都圏に賃貸物件を所有する土地オーナーから、「築25年が経つ物件の空き室が目立つ。空室が多いのは和室がある住戸なので、和室を洋室にリフォームしたいのだが、何室ともなると費用がかかるがどうすればいいだろうか」という相談を受けたことがある。

私は、他の物件ではほとんど空室が出ていないというので、「それだけ空室の理由がハッキリしているのであれば、思い切ってリフォームされるといいんじゃないですか」と答えた。

このオーナーは、その後空室はすぐにリフォームされ、稼働中の住戸では退去時に合わせて順次和室を洋室にリフォームされた。そして、その後空室率は改善され常に空室が少ない状態になったという。

このように、空室改善がある程度見込まれるのであれば、多少費用が掛かっても思い切ってリフォームするほうが、結果的に収益改善につながる。例えば12万円の家賃の部屋が半年空室ならば、72万円の収益機会の損失となる。

和室を洋室に変えるリフォームは、リフォームする内容により異なるが40~60万円程度であろう。こうした収益シミュレーションを行ってみると、当然一時的な費用が発生すると投資回収はそれほどかからないと思える。

このような将来のリフォームを見越して、スタート時から収益の中から一定の割合を決めて積み立てておくといいだろう。積立の割合は、物件により異なるので、しっかりとシミュレーションしておきたい。

⑦ これから20年、高くても必要な設備は何か？

賃貸住宅入居者が求めるニーズは、ますますレベルアップしている。

大学生になって初めて賃貸住宅を借りる人ならば、あまり多くを求めない人もいるだろう。しかし、年齢を重ねて給与が増えても、賃貸住宅に住み続けるという世帯が増えている中、そうした人たちの要求レベルは確実に上がっており、ニーズのレベル向上に拍車をかけている。

しかし賃貸住宅というと、分譲住宅に比べると機能的にはそれほど優れていない水回り設備、ありきたりな内装が多いということも否めない。

そういう意味では、入居者のニーズに応えていない賃貸住宅は、まだまだ多い。もちろん賃貸住宅の仕様をよくすれば、空室になる可能性が減るが、その分建築コストは上がる。仮に同じ家賃が取れるとするならば、コストをかけない方が利回りは良くなるのは当然だ。

しかし、利回りにとらわれすぎて、機能の劣る水廻り設備品など付けた賃貸住宅を建てたた

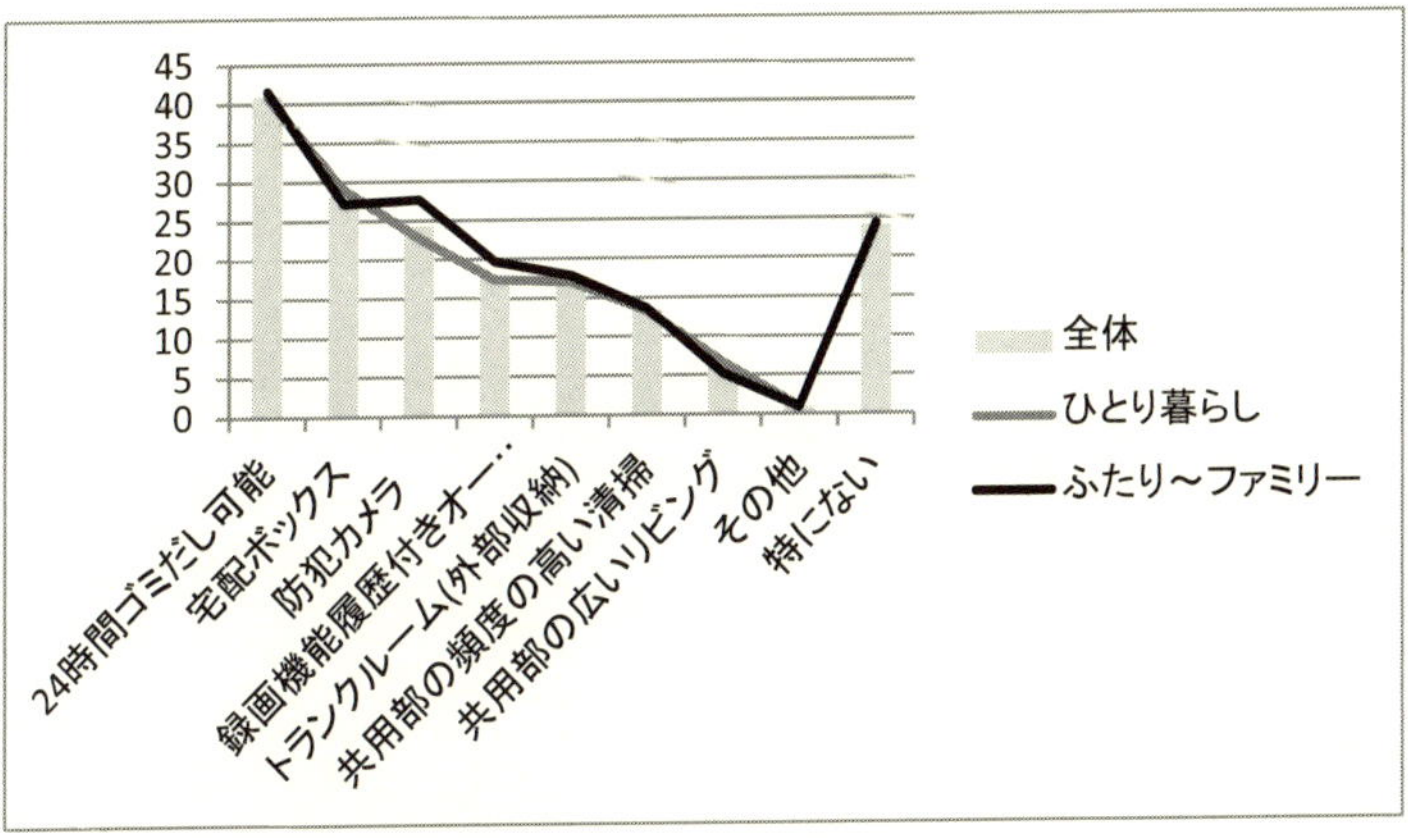

N＝1137(複数回答)

図表3　多少家賃が上がっても欲しいサービス・設備
(株式会社リクルート住まいカンパニー「首都圏賃貸住宅市場における入居者ニーズと意識調査　2012-2013年」より作成)

めに、空室が多くなって賃料収入が少ない、という悪循環に陥る可能性もある。

賃貸住宅入居者が求める、「多少家賃が高くても求めるサービス、設備」とは何だろうか？図表3は、リクルート社が2012年～13年にとったアンケートを集計したものだ。

これを見ると、労働時間の長さか、外食の多さか、共働き世帯の増加なのか、上位2つは、そうした昨今の生活時間の多様性に関するものが続く。上位2つは1位24時間ゴミ出し、2位は宅配ボックスだ。そして、防犯カメラと録画機能付きのオートロックとセキュリティ関連の設備が続く。

セキュリティ設備の充実性をうたった賃貸住宅が増えているのも、こうした市場ニーズを反映したものだ。

それ以下の、トランクルームや共用部の広いリビングなどは、高級賃貸マンションにしか設置されていないものであるが、高い家賃を支払うことができる入居者ニーズの象徴と言えるのかもしれない。

当然入居者ニーズを汲み取れば汲み取るほど空室が出にくくなるだろう。設備だけではなく、外観デザインも築年数が経っても飽きのこない、古さを感じさせないようなものが好ましい。

入居者のニーズを汲み取ることは、賃貸住宅経営を行うオーナーが長期的に安定的な利回りを得やすいということにつながる。この好循環こそが、オーナーが求めることなのではないだろうか。

繰り返しになるが、賃貸住宅経営において、昨今入居者の方々の求めるニーズはかなり上がってきているため、住宅設備品の機能が少し劣る、収納が何となく少ない、デザインが少し古くさいというような商品は、直接的に空室を生む原因になる可能性が高い。

ぜひそういったことを踏まえて賃貸住宅経営を行っていただきたい。

⑧「一括借り上げ」は安心か？

テレビのCMや新聞などで「一括借り上げ」という言葉を聞いたことがある人は多いだろう。一括借り上げは、賃貸住宅経営において、オーナーに安心を与えるサポートシステムとして、徐々に一般的になってきた。

文字通り、「一括で系列の管理会社で借り上げますから空室の心配をすることはなくなります、これで安心です」という謳い文句で、広告などで提案されるので、一見飛びつきたるオーナーも多いだろう。しかし、それほど単純なものではないようだ。

まずは一括借り上げの制度、仕組みそのものを説明し、それに対する考え方を深掘りしてみよう。

一括借り上げシステムには、オーナー、建物、入居者、ハウスメーカーあるいは建築会社、そして一括借り上げをする主体となる管理サポート会社という5つの関与者（会社）がいる。

まず、ハウスメーカー、あるいは建築会社が土地活用として賃貸住宅を建てることから始まる。（一棟モノ分譲賃貸住宅を購入した場合は、次からスタート）そしてアフターフォローやメンテナンス、実際の管理、修繕、あるいは入居者様との様々なやりとりは、管理サポート会社が担当する。この管理サポート会社とオーナーで、管理内容の契約を行い、管理費込みの一括借り上げの契約を結ぶ。入居者は、管理サポート会社と賃貸契約をし、本来の所有者であるオーナーはこの賃貸借契約には登場しない。

このように、賃料のやりとりは管理サポート会社に任せて、オーナーは実際に登場する必要がなくなり、一定の賃料が安定して入ってくる仕組みになっているため、一括借り上げは安心という印象がある。

一括借り上げ契約をしていれば、賃貸住宅に入居者が付かず、空室が出た場合でも、結果的に管理サポート会社がその責を負う。つまり、オーナーには一定の額が安定的に振り込まれ、賃料がオーナーへの支払額を下回った場合は、管理サポート会社が損をするという仕組みになっているというのが、一括借り上げだ。

広告では、管理サポート会社が一括で借り上げることによって、「空き室があってもオーナーには安定的にお金が入ってくる仕組みだから安心、安全」というような謳い方をしている。これが一括借り上げの仕組みだ。

これだけ聞くと、一括借り上げはオーナー様にとって良い面ばかりのようだが、注意しなければならないこともある。

まず一点目は、空室が続けば、管理会社とオーナーとの契約を更新する度に、見直す内容に関して意見の相違が生まれるという点だ。

管理サポート会社とオーナーとの契約は、たいてい2年か3年、あるいは5年ごとに更新することになるが、建物が建てられてから賃貸住宅の経営はだいたい30年、35年続く。その長い間に何度も契約更新をすることになる。そうすると、更新の度に契約内容が見直され、賃料の値下げや値上げの交渉が行われる可能性も出てくる。

空室が続くと、管理会社からオーナーへの支払額を減らすことが当然提案されることになる。そうなれば、オーナーが予定していた収支計画が崩れるという危険性も十分にあり得る。ここでオーナーの思いと管理会社の見解がぶつかることになる。当初予定していた収支計画が必ず続くわけではなく、減額の可能性もあるという点は注意しなければならない。

二つ目の注意点は、契約期間の途中でも契約を継続するのが厳しくなれば、契約を解除される可能性もゼロではないということだ。

賃貸経営を予定している30年、35年の全期間で一括借り上げが利用できるかどうかはわからないということだ。

レアケースであるが、リーマンショック後に一括借り上げの専業企業が数社ほど倒産した。万が一とはいえ、可能性はゼロではない。もちろんそうならないように、信頼できる管理会社と一括借り上げの契約を結ぶべきであるのは言うまでもない。

そもそも一括借り上げは、入居者が入らなくても、管理サポート会社がある程度保証するという制度である。一括借り上げがあるから安心安全だと考えて、入居者のニーズを無視した賃貸住宅を建てていいわけではない。まずは入居率の高い住宅をどう建てるかを考えて、外観や間取りや設備に工夫することが必要だ。それでもどうしても不安ならば、セーフティネットとして一括借り上げを利用するという「考え方の順序」が重要なのだ。

広告で謳われているように、一括借り上げ制度は、ある側面から見ればたしかに安心かもしれない。しかし、順序をはき違えてはならない。まずは入居率の高い賃貸住宅をどう建てるか（あるいは選んで購入するか）を考え、セーフティネットとしての一括借り上げを利用するのが賃貸住宅経営を成功させる極意だ。

一括借り上げというとても有効な制度も、考え方を誤ると大きな落とし穴が待っている。じっくり、しっかりと考えて、ぜひ賃貸住宅経営を成功させていただきたい。

⑨ 賃貸住宅建築会社の選び方　3原則

土地活用として賃貸住宅を建てる際に、どんな会社に建ててもらうかはとても重要なことだ。賃貸住宅の建物価格は、小さいもの（一棟の戸数の少ない）ものから大きなものまで様々だが、数千万円～5億円を超えるものまで金額の幅は大きい。

賃貸住宅の経営をするわけだから、入居者が付きにくく空室が多く出るようなら、ローンの支払いが、賃料収入を超える場合も想定され、持ち出しとなってしまう。

さらに、一般的に、賃貸住宅を建てた会社やその系列（子会社）が建物管理・入居者管理などを行うため（もちろん、別の会社に頼んでもよい）、どの会社で建てるかは極めて重要となる。

では、どんな会社に頼めばいいのだろうか。

原則1　存続

まず何よりも重要なのは、「その会社の存続可能性」だ。ようするに、つぶれない会社か？

ということだ。賃貸住宅経営は建ててから30年以上の期間行うため、その間に会社がつぶれてしまうと、建物の維持管理・保守メンテナンスがやっかいになる。

原則２　グループ内、社内にＰＭ（プロパティマネジメント）業務会社があるか

そして、先に述べたように、系列や会社内の部署に管理会社があるか。建物管理（清掃・警備など）だけでなく、入居者とのやり取り（お金全般、入退去など）といったＰＭ（プロパティマネジメント）業務を行ってもらわないと（例えば自分で行うなどでは）、賃貸住宅経営が面倒となる。

原則３　営業担当者との相性に加えて会社との相性

次に、営業担当者との相性についてだ。営業担当者との相性は、印象や誠実さといったことになるが、これが大事なことは言うまでもない。

しかし、特にご年配の方に注意していただきたいのが、「何度も何度も毎日のように足を運んでくる営業マンの熱意に負けて」、賃貸住宅そのものについて適切な判断ができないようになることだ。

契約の際は、じっくりと内容を判断して、適切な決断をしなければならない。

⑩ 賃貸住宅管理会社の選び方　3原則

賃貸住宅の管理と言えば、はじめは建物管理に目が行きがちだが、それだけでなく、ＰＭ業務も重要となる。一棟物件の場合、オーナーが一括借上げ契約を結ぶのもこの会社だ。

建物については、一定期間の保証期間を経て定期点検などは建てた建築会社が行う。

また、入退去に伴う居室内補修・築年が経って行うリフォームなどについての相談も管理会社を通じて行うことになる。

このように、建ててから後、賃貸住宅経営が始まると、定期的にやり取りする中心は管理会社となる。

原則1　適切な管理業務

当然だが、適切な管理業務がもっとも重要なことだ。大切な資産の管理を預けるわけだから、適切な管理業務してもらえることが第一条件だ。

そして、プロだからといって、オーナーに相談せず勝手に行うのではなく、丁寧な管理報告をしてもらうのも必要なことだ。当然大きな意思決定を行うのは、オーナーであり、その時に正しく判断できるためにも丁寧な報告や相談をしてもらいたいものだ。

原則２　入居者客付がスムーズか

賃貸住宅を経営するにあたっては、入居者が確実に付くかどうかがもっとも重要な問題だ。管理会社が入居者を募集する際に、自社（グループ会社）で客付を行うか、客付専門会社に依頼するタイプかを確認することも重要だ。

できる限り自社内に持つネットワークを活用し、ワンストップで実施してくれるほうが安心感はあるが、地域や対象者によって、得意不得意があることもあり、慎重に判断したい。

原則３　賃料設定が適切か

賃料を適切に設定するのも、管理会社の重要な管理能力のひとつだ。賃料が高すぎると入居者が付かないし、安すぎると、収益が悪化してします。バランスをとる必要がある。

また、賃料というのは、地域の相場によって決まるので、その地域の相場に詳しいかどうかが大きなポイントとなるのは間違いない。

著　者
吉崎 誠二（よしざき せいじ）
不動産エコノミスト、ディー・サイン不動産研究所所長。
早稲田大学大学院ファイナンス研究科修了。立教大学大学院博士前期課程修了。㈱船井総合研究所上席コンサルタント、Real Estate ビジネスチーム責任者、基礎研究チーム責任者を経て、現職。
専門領域は、不動産・住宅関連分野で、企業向けコンサルテーション、データ分析、市場予測などを行う。不動産・住宅に関する講演多数。これまで『2020 年大激震の住宅不動産市場』『消費マンションを買う人、資産マンションを変える人』等10冊の著書を執筆。
吉崎誠二サイト　yoshizakiseiji.com

データで読み解く　賃貸住宅経営《ちんたいじゅうたくけいえい》の極意《ごくい》

2016年 2月15日　第1刷発行

著　者
吉崎《よしざき》 誠二《せいじ》

発行所
㈱芙蓉書房出版
（代表 平澤公裕）
〒113-0033東京都文京区本郷3-3-13
TEL 03-3813-4466　FAX 03-3813-4615
http://www.fuyoshobo.co.jp

印刷・製本／モリモト印刷

ISBN978-4-8295-0672-1